Grüne Utopie und eine neue Form der
Ausbeutung
Die dunklen Seiten der Agenda 2030

Herold zu Moschdehner

Grüne Utopie und eine neue Form der Ausbeutung

Die dunklen Seiten der Agenda 2030

Bibliografische Info er Deutschen
Nationalbibliothek
Die Deutsche Nati hek verzeichnet
diese Publikation i schen
Nationalbibliografi rte bibliografische
Daten sind im Internet über http://dnb.d-nb.de
abrufbar.

ISBN: 978-3-7693-0192-2

Copyright (2024) Herold zu Moschdehner
Verlag: BoD · Books on Demand GmbH,
In de Tarpen 42, 22848 Norderstedt
Druck: Libri Plureos GmbH, Friedensallee 273,
22763 Hamburg

19,99 Euro

Die **Agenda 2030** ist ein umfassender globaler Plan, der von den Mitgliedsstaaten der Vereinten Nationen im September 2015 verabschiedet wurde. Sie zielt darauf ab, nachhaltige Entwicklung weltweit zu fördern, Armut zu bekämpfen und den Planeten zu schützen. Der Kern der Agenda 2030 sind die **17 Ziele für nachhaltige Entwicklung** (Sustainable Development Goals, SDGs), die sich auf soziale, wirtschaftliche und ökologische Aspekte konzentrieren. Diese Ziele sollen bis zum Jahr 2030 erreicht werden.

Die 17 Ziele umfassen Themen wie:

1. **Keine Armut** – Armut in all ihren Formen überall beenden.
2. **Kein Hunger** – Den Hunger beenden und Ernährungssicherheit und nachhaltige Landwirtschaft fördern.
3. **Gesundheit und Wohlergehen** – Ein gesundes Leben für alle Menschen jeden Alters gewährleisten.
4. **Hochwertige Bildung** – Inklusive und gerechte Bildung sicherstellen.
5. **Geschlechtergleichstellung** – Geschlechtergleichstellung erreichen und Frauen und Mädchen stärken.
6. **Sauberes Wasser und Sanitäreinrichtungen** – Verfügbarkeit und nachhaltige Bewirtschaftung von Wasser und Sanitärversorgung sicherstellen.

7. **Bezahlbare und saubere Energie** – Zugang zu bezahlbarer, verlässlicher und nachhaltiger Energie für alle sichern.

8. **Menschenwürdige Arbeit und Wirtschaftswachstum** – Nachhaltiges, inklusives und nachhaltiges Wirtschaftswachstum fördern.

9. **Industrie, Innovation und Infrastruktur** – Eine widerstandsfähige Infrastruktur aufbauen und Innovationen fördern.

10. **Weniger Ungleichheiten** – Ungleichheiten in und zwischen Ländern verringern.

11. **Nachhaltige Städte und Gemeinden** – Städte und Siedlungen inklusiv, sicher, widerstandsfähig und nachhaltig gestalten.

12. **Nachhaltiger Konsum und Produktion** – Nachhaltige Konsum- und Produktionsmuster sicherstellen.

13. **Maßnahmen zum Klimaschutz** – Dringend Maßnahmen zur Bekämpfung des Klimawandels ergreifen.

14. **Leben unter Wasser** – Ozeane, Meere und Meeresressourcen nachhaltig nutzen und schützen.

15. **Leben an Land** – Landökosysteme schützen, wiederherstellen und ihre nachhaltige Nutzung fördern.

16. **Frieden, Gerechtigkeit und starke Institutionen** – Friedliche und inklusive Gesellschaften fördern.

17. **Partnerschaften zur Erreichung der Ziele** – Stärkung der globalen Zusammenarbeit zur Erreichung dieser Ziele.

Die Agenda 2030 verfolgt das Prinzip des **„niemanden zurücklassen"**, was bedeutet, dass alle Menschen weltweit in den Prozess der nachhaltigen Entwicklung einbezogen werden sollen. Sie betont zudem die Verflechtung zwischen den Zielen: Fortschritte in einem Bereich haben Auswirkungen auf andere.

Mehr Informationen zur Agenda 2030 findest du auf der Webseite der **Vereinten Nationen** oder spezifischen Regierungsstellen, die sich mit nachhaltiger Entwicklung beschäftigen.

Kapitel: "Keine Armut: Ideal oder Utopie?"

1. Einleitung: Das hehre Ziel, Armut zu beenden

Das erste Ziel der Agenda 2030 klingt auf den ersten Blick edel und notwendig: „Armut in all ihren Formen und überall beenden." Ein globales, tief verwurzeltes Problem wie die Armut auflösen zu wollen, ist sicher eine der größten moralischen Herausforderungen. Doch eine kritische Betrachtung legt nahe, dass das Ziel weitaus komplexer ist, als es scheint.

2. Was bedeutet „Armut"?

Bevor man Armut „überall" beenden will, muss man definieren, was Armut in den verschiedenen Teilen der Welt überhaupt bedeutet. In Entwicklungsländern bezieht sich Armut oft auf existenzielle Bedürfnisse wie Nahrung, Unterkunft und Zugang zu sauberem Wasser. In Industrieländern hingegen wird Armut relativ zur Durchschnittseinkommensverteilung betrachtet (relative Armut). Ist es realistisch, eine global einheitliche Definition von Armut zu verwenden?

3. Die Rolle der Wirtschaftssysteme: Kapitalismus vs. Armutsbekämpfung

Kapitalistische Systeme fördern oft Ungleichheit, da sie auf Wettbewerb und individuellen Erfolg ausgelegt sind. Dieses Ungleichgewicht schafft zwangsläufig Gewinner und Verlierer. Solange die

Agenda 2030 darauf basiert, in kapitalistische Strukturen integriert zu werden, stellt sich die Frage, ob eine weltweite Armutsbekämpfung innerhalb dieses Systems möglich ist oder ob die bestehenden wirtschaftlichen Strukturen diese eher weiter verschärfen.

- **Kritikpunkt:** Viele Maßnahmen, die angeblich Armut lindern sollen, fördern lediglich Konsumverhalten und wirtschaftliche Abhängigkeit von großen Konzernen, was eher kurzfristige Effekte hat und keine nachhaltigen Lösungen darstellt.

4. Die Rolle von Global Governance und Machtstrukturen

Die Agenda 2030 wird von internationalen Organisationen wie den Vereinten Nationen, der Weltbank und dem Internationalen Währungsfonds (IWF) getragen. Diese Institutionen haben in der Vergangenheit oft Maßnahmen unterstützt, die Länder in der Dritten Welt zu Abhängigkeiten führten – sei es durch Kredite, die von restriktiven Wirtschaftsprogrammen begleitet wurden, oder durch Handelsabkommen, die ärmere Länder benachteiligten. Ist das Ziel „Keine Armut" nicht auch eine weitere Möglichkeit für diese Machtstrukturen, Einfluss auf nationale Politiken auszuüben?

5. Verdeckte Interessen: Wer profitiert wirklich?

Viele Konzerne und große Wirtschaftsmächte haben ein großes Interesse daran, dass Länder in Armut verbleiben, da sie billige Arbeitskräfte und Ressourcen aus diesen Regionen beziehen. Wenn Armut vollständig beseitigt wird, verlieren Konzerne Zugang zu diesen billigen Arbeitskräften. Daher stellt sich die Frage: Könnte das Ziel, Armut zu beenden, durch verdeckte wirtschaftliche Interessen unterlaufen werden, die auf den Erhalt eines gewissen Grades an globaler Ungleichheit angewiesen sind?

6. Die Rolle von Entwicklungshilfe: Hilfe oder Abhängigkeit?

Die klassischen Modelle der Entwicklungshilfe haben oft nicht zur Armutsbekämpfung beigetragen, sondern eher Abhängigkeiten geschaffen. Viele arme Länder sind auf Kredite und Hilfsgelder angewiesen, die sie in Schuldenfallen treiben, was sie noch weiter in die Armut zieht. Soll die Agenda 2030 mit derselben Logik vorgehen, die seit Jahrzehnten kaum Fortschritte gebracht hat?

7. Die Umweltfrage: Wirtschaftswachstum vs. Nachhaltigkeit

Ein großes Dilemma der Armutsbekämpfung liegt darin, dass wirtschaftliches Wachstum oft auf Kosten der Umwelt geht. Maßnahmen zur

Armutsreduktion fördern oft industrielle Expansion und mehr Ressourcenverbrauch. Aber wie kann Armut nachhaltig bekämpft werden, ohne dabei die Umweltressourcen der Welt weiter zu schädigen und zukünftige Generationen in eine noch tiefere Krise zu führen?

8. Umverteilung oder nachhaltige Entwicklung?

Ein oft vorgeschlagenes Mittel zur Armutsbekämpfung ist die Umverteilung von Wohlstand. Aber ist dies eine praktikable Lösung? In vielen Fällen führt Umverteilung nicht zu nachhaltigen Verbesserungen, sondern lediglich zu kurzfristigen Erfolgen. Es könnte sinnvoller sein, den Fokus auf die Schaffung von nachhaltigen Wirtschaftsstrukturen in armen Regionen zu legen, anstatt nur finanziellen Wohlstand umzuverteilen.

9. Fehlende Eigenverantwortung: Abhängigkeit statt Selbstständigkeit

Die Agenda 2030 sieht vor, dass ärmere Länder und Gemeinschaften umfangreiche Unterstützung erhalten. Ein Kritikpunkt ist jedoch, dass diese Unterstützung oft Abhängigkeiten schafft, anstatt Eigenverantwortung und wirtschaftliche Selbstständigkeit zu fördern. Langfristige Lösungen müssen auf der Stärkung lokaler Wirtschaften und Selbstverwaltungsstrukturen beruhen, anstatt darauf, externe Hilfe dauerhaft bereitzustellen.

10. Fazit: Ein utopisches Ziel?

Die Idee, Armut „überall" zu beenden, scheint auf den ersten Blick moralisch richtig und notwendig. Aber bei genauerer Betrachtung zeigt sich, dass dieses Ziel in einem globalisierten, kapitalistischen System mit vielen verdeckten Machtinteressen möglicherweise nicht vollständig umsetzbar ist. Es erfordert tiefgreifende Reformen sowohl in den wirtschaftlichen als auch in den politischen Strukturen weltweit – und das ist vielleicht ein größeres Hindernis, als es zunächst den Anschein hat.

Punkt 2: Kein Hunger – Ein Ziel, das alle satt macht?

Das zweite Ziel der Agenda 2030 lautet „Kein Hunger" und zielt darauf ab, den weltweiten Hunger zu beenden, Ernährungssicherheit zu erreichen und eine nachhaltige Landwirtschaft zu fördern. Auch hier ist der Gedanke zweifellos nobel. Doch wie realistisch ist dieses Ziel, und welche Herausforderungen und Kritikpunkte ergeben sich daraus?

1. Ein globales Problem mit lokalen Lösungen?

Hunger ist ein Problem, das weltweit auftritt, jedoch sehr unterschiedliche Ursachen hat. In Entwicklungsländern ist Hunger oft das Ergebnis von Kriegen, politischer Instabilität und schlechten landwirtschaftlichen Strukturen. In Industrieländern ist Hunger oft eine Frage von sozialer Ungleichheit und Armut. Kritisch könnte man anmerken, dass die Agenda 2030 versucht, ein globales Problem mit universellen Lösungen anzugehen, ohne die tief verwurzelten regionalen Unterschiede vollständig zu berücksichtigen.

- **Kritikpunkt:** Ein globales Ziel wie „Kein Hunger" erfordert lokale und maßgeschneiderte Lösungen, die oft durch die Vorgaben internationaler Organisationen oder den Einfluss von reichen Ländern erschwert werden.

2. Landwirtschaftliche Monokulturen und Großkonzerne

Ein Hauptanliegen der Agenda 2030 ist die Förderung einer nachhaltigen Landwirtschaft. Doch was bedeutet „nachhaltig" in einem globalisierten Agrarsystem? Kritiker argumentieren, dass die zunehmende Abhängigkeit von großen Agrarkonzernen wie Monsanto und Syngenta, die Patente auf genetisch verändertes Saatgut halten, kleine Landwirte in vielen Ländern in die Armut treiben und ihre Autonomie untergraben könnte. Diese Großkonzerne dominieren den globalen Agrarmarkt und begünstigen oft Monokulturen, die die Böden auslaugen und die Biodiversität gefährden.

- **Kritikpunkt:** Großkonzerne, die auf Profit und nicht auf nachhaltige Landwirtschaft ausgerichtet sind, könnten von der Umsetzung des Ziels profitieren, während kleine Bauernhöfe und lokale Landwirtschaft leiden.

3. Abhängigkeit von externen Hilfen

Ein weiteres Problem, das bei der Bekämpfung des Hungers immer wieder auftritt, ist die Abhängigkeit von internationalen Hilfsorganisationen. Diese liefern oft kurzfristige Lösungen wie Nahrungsmittelhilfe, anstatt nachhaltige lokale Landwirtschaftssysteme zu fördern. Kritiker behaupten, dass diese Art der

Hilfe zwar kurzfristig notwendig ist, aber langfristig die Eigenständigkeit der Empfänger untergräbt.

- **Kritikpunkt:** Es besteht die Gefahr, dass Länder in Not von externen Hilfen abhängig werden, anstatt selbsttragende landwirtschaftliche Systeme zu entwickeln.

4. Klimawandel und Ressourcenverbrauch

Die Klimakrise hat erhebliche Auswirkungen auf die Landwirtschaft, da Extremwetterlagen, Dürren und Überschwemmungen die Ernten bedrohen. Gleichzeitig wird aber auch die landwirtschaftliche Produktion selbst oft als Mitverursacher des Klimawandels gesehen, da intensive Landwirtschaft erhebliche Mengen an Wasser und Energie benötigt. Dies stellt das Ziel „Kein Hunger" vor ein Dilemma: Einerseits müssen mehr Nahrungsmittel produziert werden, um den globalen Hunger zu bekämpfen, andererseits darf dies nicht auf Kosten der Umwelt geschehen.

- **Kritikpunkt:** Die Agenda 2030 vernachlässigt die systemischen Probleme der intensiven Landwirtschaft und den damit verbundenen Ressourcenverbrauch.

5. Lebensmittelverschwendung: Ein ungelöstes Problem

Ein großer Teil der globalen Nahrungsmittelproduktion wird verschwendet. In reichen Ländern wird bis zu einem Drittel der Lebensmittel weggeworfen, während in ärmeren Regionen Menschen hungern. Anstatt nur die Produktion zu erhöhen, sollte das Problem der Lebensmittelverschwendung stärker im Fokus stehen. Kritiker behaupten, dass die Agenda 2030 zu wenig darauf eingeht, wie die vorhandenen Ressourcen besser genutzt werden könnten.

- **Kritikpunkt:** Ohne das Problem der Lebensmittelverschwendung anzugehen, bleibt das Ziel „Kein Hunger" unvollständig.

6. Politische und wirtschaftliche Instabilität

In vielen Ländern, insbesondere in Krisenregionen, ist Hunger das Ergebnis politischer Instabilität und bewaffneter Konflikte. Solange diese Konflikte nicht gelöst werden, wird es extrem schwierig sein, den Hunger in diesen Regionen zu beenden. Die Agenda 2030 geht auf die Notwendigkeit der Konfliktlösung zwar ein, doch Kritiker betonen, dass wirtschaftliche Interessen und geopolitische Machtspiele oft dazu führen, dass die notwendigen Schritte zur Beendigung von Kriegen und Konflikten nicht unternommen werden.

- **Kritikpunkt:** Die politischen Realitäten in vielen hungernden Regionen werden ignoriert, und ohne Frieden bleibt die

Ernährungssicherheit ein unerreichbares Ziel.

7. Handelsbarrieren und Agrarsubventionen

Reiche Länder, insbesondere in der EU und den USA, subventionieren ihre Agrarprodukte stark und setzen Handelsbarrieren ein, um ihre Märkte zu schützen. Diese Praktiken erschweren es ärmeren Ländern, ihre landwirtschaftlichen Produkte auf den internationalen Märkten zu verkaufen, was ihre lokalen Wirtschaften schwächt und den Hunger verschärft.

- **Kritikpunkt:** Ungerechte Handelspraktiken und Subventionen in reichen Ländern behindern den Fortschritt bei der Armuts- und Hungerbekämpfung in Entwicklungsländern.

Fazit: Ein Ziel mit vielen Hindernissen

„Kein Hunger" mag ein edles Ziel sein, doch es ist mit erheblichen Herausforderungen verbunden. Von der Dominanz multinationaler Konzerne über politische Instabilität bis hin zur Klimakrise gibt es viele Faktoren, die verhindern könnten, dass dieses Ziel bis 2030 erreicht wird. Ein tieferes Verständnis für regionale Unterschiede und systemische Probleme, sowie die Priorisierung lokaler, nachhaltiger Lösungen, könnte helfen, dieses Ziel realistischer zu gestalten.

Punkt 3: Gesundheit und Wohlergehen – Wohlstand für alle oder Gesundheit unter Kontrolle?

Das dritte Ziel der Agenda 2030 lautet: „Ein gesundes Leben für alle Menschen jeden Alters gewährleisten und ihr Wohlergehen fördern." Dies umfasst Gesundheitsversorgung, Impfungen, den Zugang zu Medikamenten und die Förderung von geistiger und körperlicher Gesundheit weltweit. Auch dieses Ziel wirkt auf den ersten Blick notwendig und moralisch geboten. Doch bei genauer Betrachtung gibt es einige kritische Punkte, die die Umsetzung und die dahinterliegenden Mechanismen in Frage stellen.

1. Ein universelles Gesundheitssystem – Utopie oder Realität?

Die Idee, weltweit allen Menschen Zugang zu einer hochwertigen Gesundheitsversorgung zu bieten, ist ein ambitioniertes Ziel. Doch die Ressourcenverteilung, die wirtschaftlichen Unterschiede zwischen Ländern und die enormen Kosten eines solchen Systems werfen die Frage auf: Ist es realistisch, allen Menschen gleiche Gesundheitsdienste zu garantieren? In vielen Ländern gibt es nach wie vor gravierende Lücken im Gesundheitssystem, und eine flächendeckende Versorgung scheint oft unrealistisch.

- **Kritikpunkt:** Ein universelles Gesundheitssystem könnte, anstatt allen Menschen zu nützen, die Abhängigkeit von globalen Institutionen und Pharmaunternehmen verstärken.

2. Einfluss der Pharmaindustrie – Wer profitiert wirklich?

Die globale Gesundheitsversorgung und der Zugang zu Medikamenten sind eng mit der Pharmaindustrie verbunden. Kritiker sehen hier ein zentrales Problem: Die Pharmaindustrie ist auf Gewinne angewiesen und hat in der Vergangenheit wiederholt Preise für lebenswichtige Medikamente extrem hoch angesetzt. Wenn das Ziel „Gesundheit für alle" umgesetzt wird, könnte dies zu einer noch größeren Abhängigkeit von Pharmaunternehmen führen, die sich in einer privilegierten Position befinden.

- **Kritikpunkt:** Wer profitiert mehr von einem globalen Gesundheitssystem – die Bevölkerung oder die Pharmaindustrie, die möglicherweise noch mehr Kontrolle und Einfluss gewinnt?

3. Impfplicht und staatliche Eingriffe – Gesundheitsförderung oder Kontrolle?

Ein kritischer Aspekt dieses Ziels ist die Frage nach der Autonomie der Menschen, wenn es um ihre

Gesundheit geht. In der Agenda 2030 wird die Notwendigkeit von Impfungen hervorgehoben, um bestimmte Krankheiten auszurotten und die Gesundheit weltweit zu verbessern. In diesem Zusammenhang stellen sich Fragen über mögliche Impfpflichten und staatliche Eingriffe in die individuelle Freiheit. Wird „Gesundheit für alle" möglicherweise dazu führen, dass die Regierungen mehr Kontrolle über den Körper des Einzelnen ausüben, indem sie medizinische Maßnahmen vorschreiben?

- **Kritikpunkt:** Gesundheit für alle könnte zu einer neuen Form staatlicher Kontrolle führen, bei der individuelle Entscheidungsfreiheit eingeschränkt wird, insbesondere bei Impfungen und anderen medizinischen Eingriffen.

4. Die Rolle der WHO und anderer internationaler Organisationen

Ein weiterer Punkt der Kritik betrifft die Rolle internationaler Organisationen wie der Weltgesundheitsorganisation (WHO). Diese Institutionen sind maßgeblich daran beteiligt, globale Gesundheitsstandards festzulegen. Doch Kritiker werfen ihnen vor, zunehmend im Interesse von Großkonzernen und geopolitischen Mächten zu agieren. Wenn die Agenda 2030 von diesen Organisationen implementiert wird, könnte dies dazu führen, dass Gesundheitspolitik von wenigen, einflussreichen Akteuren bestimmt wird.

- **Kritikpunkt:** Globale Gesundheitsinitiativen könnten genutzt werden, um politische und wirtschaftliche Interessen durchzusetzen, anstatt tatsächlich das Wohl der Menschen im Blick zu haben.

5. Nachhaltigkeit und Ressourcenverteilung

Ein großes Problem, das in der Gesundheitsversorgung oft übersehen wird, ist die Verteilung der Ressourcen. Wenn alle Menschen weltweit Zugang zu moderner Medizin und Gesundheitsdiensten haben sollen, werden enorme Mengen an Ressourcen benötigt – von medizinischem Personal über Infrastruktur bis hin zu Medikamenten. Es stellt sich die Frage, ob diese Ressourcen gleichmäßig verteilt werden können, oder ob reiche Länder weiterhin bevorzugt werden.

- **Kritikpunkt:** Die ungleiche Verteilung von medizinischen Ressourcen könnte dazu führen, dass ärmere Regionen auch weiterhin benachteiligt werden, obwohl das Ziel eine universelle Gesundheitsversorgung propagiert.

6. Geistige Gesundheit – Vernachlässigt oder Teil des Systems?

Ein weiterer Aspekt, der in der Agenda 2030 erwähnt wird, ist die Förderung der geistigen Gesundheit. Während körperliche Gesundheit oft im Mittelpunkt steht, wird die geistige Gesundheit in vielen Teilen der Welt immer noch stigmatisiert oder vernachlässigt. Die Frage ist, ob das Gesundheitssystem der Agenda 2030 tatsächlich in der Lage ist, diese Herausforderungen anzugehen, oder ob geistige Gesundheit weiterhin im Schatten der physischen Gesundheit stehen wird.

- **Kritikpunkt:** Geistige Gesundheit könnte weiterhin zu wenig Beachtung finden, während sich der Fokus auf die „sichtbaren" Probleme der physischen Gesundheit konzentriert.

7. Prävention oder Behandlung?

Die Agenda 2030 legt einen starken Fokus auf die Prävention von Krankheiten durch Impfungen, sauberes Wasser, Hygiene und Ernährung. Doch viele Kritiker argumentieren, dass es bei der Gesundheitsversorgung oft mehr um die Behandlung von Krankheiten geht als um deren Prävention. Eine rein präventive Herangehensweise könnte langfristig nicht ausreichen, um das Ziel zu erreichen, da Krankheiten wie Krebs, Herz-Kreislauf-Erkrankungen und Diabetes oft auf genetische oder umweltbedingte Faktoren zurückzuführen sind, die schwer zu kontrollieren sind.

- **Kritikpunkt:** Ist es möglich, durch Prävention allein eine umfassende

Gesundheitsversorgung zu gewährleisten, oder wird zu wenig in die tatsächliche Behandlung von Krankheiten investiert?

Fazit: Gesundheit für alle – ein hehres Ziel mit vielen Schattenseiten

Das Ziel, „Gesundheit und Wohlergehen für alle" zu gewährleisten, klingt notwendig und human. Doch die damit verbundenen Strukturen werfen viele Fragen auf: Wird dieses Ziel in der Praxis wirklich umgesetzt, oder könnte es dazu führen, dass mächtige Akteure wie die Pharmaindustrie oder globale Organisationen noch mehr Einfluss gewinnen? Werden individuelle Freiheiten zugunsten staatlicher oder globaler Gesundheitskontrolle eingeschränkt? Und wie nachhaltig ist ein System, das auf der Annahme basiert, dass alle Menschen gleichermaßen Zugang zu Gesundheitsdiensten erhalten können?

Punkt 4: Hochwertige Bildung – Bildung für alle oder standardisierte Kontrolle?

Das vierte Ziel der Agenda 2030 lautet „Inklusive, gleichberechtigte und hochwertige Bildung gewährleisten und Möglichkeiten lebenslangen Lernens für alle fördern." Bildung wird oft als Schlüssel zur Entwicklung angesehen, doch bei genauerem Hinsehen gibt es auch hier zahlreiche kritische Aspekte, die hinterfragt werden müssen.

1. Was bedeutet „hochwertige" Bildung?

Der Begriff „hochwertige Bildung" klingt auf den ersten Blick positiv, doch stellt sich die Frage: Wer definiert, was „hochwertig" ist? In vielen Fällen könnten westliche Standards als globaler Maßstab für Bildung genommen werden, ohne die kulturellen Unterschiede oder lokalen Bedürfnisse in verschiedenen Regionen zu berücksichtigen. Standardisierte Lehrpläne und Prüfungen können dazu führen, dass individuelle Kreativität und lokale Traditionen unterdrückt werden, zugunsten einer gleichgeschalteten, globalen Bildungsform.

- **Kritikpunkt:** Bildungssysteme könnten global vereinheitlicht werden, was zur kulturellen Verdrängung und Standardisierung führt, ohne Rücksicht auf lokale Bedürfnisse und Traditionen.

2. Die Rolle privater Akteure in der Bildung

Bildung ist ein riesiger Markt, und viele private Unternehmen, insbesondere Technologiefirmen, dringen in den Bildungssektor ein. Initiativen wie Online-Kurse, Bildungsplattformen und digitale Tools werden zunehmend von großen Technologiekonzernen wie Google, Microsoft oder Apple dominiert. Diese Entwicklung birgt die Gefahr, dass Bildung zunehmend privatisiert und kommerzialisiert wird. Zudem könnten solche Akteure indirekt die Inhalte und die Richtung der Bildung beeinflussen, indem sie ihre eigenen Technologien und Programme in den Vordergrund stellen.

- **Kritikpunkt:** Private Akteure könnten durch digitale Bildungssysteme die Inhalte steuern und die Bildung immer mehr kommerzialisieren, was den Zugang für ärmere Länder erschwert und Bildung zu einem marktorientierten Produkt macht.

3. Zugang für alle – oder nur für einige?

Eines der zentralen Ziele der Agenda 2030 ist es, den Zugang zu Bildung für alle Menschen zu gewährleisten, insbesondere für marginalisierte Gruppen wie Mädchen und Kinder in ländlichen oder benachteiligten Regionen. Doch viele der vorgeschlagenen Lösungen, insbesondere digitale Bildungsangebote, setzen einen Zugang zu Technologien voraus, der in vielen Teilen der Welt schlichtweg nicht vorhanden ist. Auch wenn digitale Bildung die Chancen vieler Menschen erhöhen könnte, könnte sie gleichzeitig neue Ungleichheiten schaffen.

- **Kritikpunkt:** Digitale Bildungsangebote könnten die bestehende digitale Kluft vertiefen, anstatt sie zu schließen, und marginalisierte Gruppen weiter vom Zugang zu Bildung ausschließen.

4. Bildung als Werkzeug der Kontrolle?

Ein weiterer kritischer Punkt ist, dass Bildung auch als Werkzeug zur politischen und sozialen Kontrolle genutzt werden kann. Lehrpläne und Bildungssysteme werden oft von Regierungen oder internationalen Organisationen vorgegeben, und es besteht die Gefahr, dass bestimmte ideologische oder politische Narrative gefördert werden, um gesellschaftliche Strukturen zu stabilisieren oder bestehende Machtverhältnisse zu bewahren.

- **Kritikpunkt:** Bildung könnte zur politischen Indoktrination genutzt werden, um bestehende Machtverhältnisse zu stabilisieren, anstatt kritisches Denken und individuelle Autonomie zu fördern.

5. Lebenslanges Lernen – eine endlose Erwartung?

Das Konzept des lebenslangen Lernens ist in der heutigen Wissensgesellschaft von großer Bedeutung. Doch es birgt auch die Gefahr, dass

Menschen dazu gedrängt werden, sich ständig weiterzubilden, um den immer höheren Anforderungen des Arbeitsmarktes gerecht zu werden. Anstatt Bildung als Mittel zur Selbstverwirklichung und Persönlichkeitsentwicklung zu sehen, könnte lebenslanges Lernen zunehmend als wirtschaftliche Notwendigkeit verstanden werden, die Menschen unter Druck setzt, immer produktiver zu sein.

- **Kritikpunkt:** Das Konzept des lebenslangen Lernens könnte in eine endlose Erwartungshaltung führen, die Menschen zu ständiger Weiterbildung zwingt, um wirtschaftlich „verwertbar" zu bleiben.

6. Bildung und der Fokus auf wirtschaftliche Verwertbarkeit

Ein weiterer Kritikpunkt an der Agenda 2030 ist, dass Bildung zunehmend auf die Anforderungen des Arbeitsmarktes ausgerichtet wird. Anstatt individuelle Interessen, Kreativität und kritisches Denken zu fördern, könnte der Fokus auf „hochwertiger Bildung" dazu führen, dass Lehrpläne stärker auf die wirtschaftliche Verwertbarkeit der Schüler und Studierenden ausgerichtet werden. Bildung wird somit zu einem Werkzeug, um Arbeitskräfte für die globale Wirtschaft bereitzustellen, anstatt Menschen zu inspirieren und ihnen die Möglichkeit zu geben, ihre Potenziale frei zu entfalten.

- **Kritikpunkt:** Bildung könnte zunehmend auf wirtschaftliche Verwertbarkeit reduziert werden, anstatt auf Persönlichkeitsentwicklung und kritisches Denken zu setzen.

7. Bildungsinhalte und kulturelle Homogenisierung

Die Agenda 2030 setzt auf globale Bildungsstandards, die potenziell zur Homogenisierung der Bildungsinhalte führen könnten. Lokale Traditionen, Sprachen und Wissenssysteme könnten durch international anerkannte Standards verdrängt werden. Besonders in Regionen, in denen Bildungssysteme eng mit der kulturellen Identität verbunden sind, könnte dies zu einer kulturellen Verdrängung führen.

- **Kritikpunkt:** Globale Bildungsstandards könnten lokale Kulturen und Traditionen verdrängen und zur kulturellen Homogenisierung führen.

Fazit: Bildung für alle – aber zu welchem Preis?

Das Ziel, „hochwertige Bildung für alle" zu fördern, ist auf den ersten Blick lobenswert. Doch bei genauerem Hinsehen stellen sich viele Fragen: Wer profitiert von diesen Bildungsreformen wirklich? Werden die Bildungsinhalte zunehmend von wirtschaftlichen Interessen und politischen Ideologien bestimmt? Und schafft die

Digitalisierung der Bildung mehr Chancengleichheit oder vertieft sie die Kluft zwischen Arm und Reich? Dieses Kapitel könnte darauf abzielen, das Bildungssystem im Rahmen der Agenda 2030 kritisch zu hinterfragen und mögliche langfristige Konsequenzen für die Gesellschaft zu beleuchten.

Punkt 5: Geschlechtergleichstellung – Echte Gleichberechtigung oder ein neues Machtspiel?

Das fünfte Ziel der Agenda 2030 lautet: „Geschlechtergleichstellung erreichen und alle Frauen und Mädchen zur Selbstbestimmung befähigen." Dies ist ein zentrales Anliegen der globalen Entwicklungsagenda und soll sicherstellen, dass Frauen und Mädchen weltweit die gleichen Rechte und Chancen wie Männer erhalten. Auch hier klingt das Ziel auf den ersten Blick positiv und notwendig, aber es gibt zahlreiche kritische Aspekte, die man hinterfragen kann.

1. Definition von Gleichstellung – Gleichberechtigung oder Gleichmacherei?

Ein Hauptproblem, das bei der Diskussion um Geschlechtergleichstellung häufig auftritt, ist die Frage, wie Gleichstellung definiert wird. Gleichstellung sollte bedeuten, dass Männer und Frauen die gleichen Rechte und Chancen haben. Doch in vielen politischen und sozialen Debatten wird Gleichstellung oft mit einer Angleichung von Männern und Frauen verwechselt. Das könnte bedeuten, dass die Unterschiede zwischen den Geschlechtern verwischt oder ignoriert werden, was zu einer erzwungenen „Gleichmacherei" führen könnte, anstatt die Unterschiede zu respektieren und die Stärken jedes Geschlechts anzuerkennen.

- **Kritikpunkt:** Besteht die Gefahr, dass unter dem Deckmantel der Gleichstellung die natürlichen Unterschiede zwischen Männern und Frauen ignoriert oder abgewertet werden, anstatt diese Unterschiede zu respektieren und zu fördern?

2. Geschlechtergleichstellung und westliche Werte

Ein weiterer Kritikpunkt betrifft die Frage, ob das Konzept der Geschlechtergleichstellung universell auf alle Kulturen anwendbar ist. Viele der Maßnahmen zur Förderung der Gleichstellung basieren auf westlichen Werten und Vorstellungen. Doch in vielen Kulturen gibt es unterschiedliche Vorstellungen von Geschlechterrollen, die tief in den Traditionen verankert sind. Die Frage ist, ob diese lokalen Werte durch internationale Standards verdrängt werden und ob dies nicht eher kulturelle Dominanz als echte Gleichstellung fördert.

- **Kritikpunkt:** Die Agenda 2030 könnte dazu führen, dass westliche Werte über die Geschlechterrollen weltweit aufgezwungen werden, was zu kultureller Entfremdung und Widerstand führen könnte.

3. Gleichstellung durch Quoten – Lösung oder Symbolpolitik?

Ein zentrales Instrument zur Förderung der Geschlechtergleichstellung ist die Einführung von Quoten, insbesondere in Bereichen wie Politik, Wirtschaft und Wissenschaft. Kritiker argumentieren jedoch, dass Quoten zwar symbolisch für Fortschritte stehen, aber in der Praxis nicht zwangsläufig zu echter Gleichberechtigung führen. Quoten könnten dazu führen, dass Frauen in Positionen gebracht werden, die sie nicht unbedingt wollen oder für die sie möglicherweise nicht ausreichend qualifiziert sind, nur um statistische Gleichstellung zu erreichen.

- **Kritikpunkt:** Quoten könnten zu einer oberflächlichen Gleichstellung führen, ohne tatsächlich die Ursachen der Ungleichheit zu beseitigen, und gleichzeitig neue Formen der Benachteiligung schaffen.

4. Geschlechtergleichstellung und die wirtschaftlichen Interessen

Ein wenig beleuchteter Aspekt der Geschlechtergleichstellung ist die wirtschaftliche Dimension. Unternehmen und Regierungen haben oft ein starkes Interesse daran, Frauen in den Arbeitsmarkt zu integrieren, um die Produktivität zu steigern und die Wirtschaftsleistung zu erhöhen. Kritiker befürchten, dass der Fokus auf Gleichstellung zu einem Werkzeug des Kapitalismus wird, indem Frauen in die Erwerbsarbeit gedrängt werden, um die

Wirtschaftsleistung zu steigern, während die traditionelle Rolle der Familie und die Entscheidung, zu Hause zu bleiben, abgewertet wird.

- **Kritikpunkt:** Ist die Förderung der Geschlechtergleichstellung möglicherweise ein ökonomisches Projekt, das darauf abzielt, Frauen als Arbeitskräfte auszunutzen, anstatt ihre Wahlfreiheit zu respektieren?

5. Geschlechtergleichstellung und der Zugang zu Bildung

Bildung wird oft als der Schlüssel zur Geschlechtergleichstellung betrachtet, da sie Frauen und Mädchen mehr Chancen eröffnet. Doch auch hier stellt sich die Frage: Werden die Bildungssysteme so gestaltet, dass sie die spezifischen Bedürfnisse von Frauen und Mädchen berücksichtigen, oder wird ihnen ein einheitliches Bildungssystem aufgezwungen, das wenig Rücksicht auf ihre Lebensrealitäten nimmt? In vielen Entwicklungsländern ist der Zugang zu Bildung für Mädchen nach wie vor problematisch, und ohne eine Berücksichtigung der lokalen Gegebenheiten könnte dieses Ziel leer bleiben.

- **Kritikpunkt:** Globale Bildungsstandards berücksichtigen möglicherweise nicht die spezifischen Bedürfnisse und Realitäten von Mädchen und Frauen in verschiedenen Kulturen und Kontexten.

6. Gleichstellung in der Politik – Eine Machtfrage?

Ein weiteres Ziel der Agenda 2030 ist es, mehr Frauen in Führungspositionen in der Politik zu bringen. Doch Kritiker argumentieren, dass die politische Landschaft nach wie vor stark von patriarchalischen Strukturen geprägt ist und dass Frauen in der Politik oft vor denselben Machtkämpfen stehen wie Männer. Die bloße Erhöhung der Anzahl von Frauen in der Politik wird nicht notwendigerweise zu einer grundlegenden Veränderung dieser Strukturen führen, sondern könnte Frauen eher in ein bestehendes Machtspiel hineinziehen.

- **Kritikpunkt:** Ist es sinnvoll, Frauen in eine von Machtkämpfen dominierte politische Struktur zu integrieren, ohne diese Strukturen selbst zu hinterfragen und zu reformieren?

7. Feminismus und die Agenda 2030 – Wer wird wirklich vertreten?

In vielen feministischen Bewegungen wird die Forderung nach Gleichstellung laut, doch oft wird kritisiert, dass der Feminismus, der in internationalen Foren vertreten wird, vor allem von weißen, westlichen Frauen dominiert wird. Frauen aus anderen Teilen der Welt, insbesondere aus dem globalen Süden, fühlen sich von diesen Bewegungen oft nicht ausreichend repräsentiert. Die Agenda 2030 könnte daher als Werkzeug gesehen werden, das den Interessen einiger weniger dient, während die Lebensrealitäten vieler Frauen ignoriert werden.

- **Kritikpunkt:** Wird durch die Agenda 2030 tatsächlich eine umfassende Geschlechtergleichstellung gefördert, oder werden bestimmte feministische Bewegungen und Interessen über andere gestellt?

Fazit: Gleichstellung auf Kosten der Freiheit?

Das Ziel der Geschlechtergleichstellung ist notwendig und wichtig, aber es birgt auch potenzielle Gefahren. Die Gefahr, dass unter dem Vorwand der Gleichstellung bestimmte kulturelle Normen aufgezwungen werden, oder dass Frauen in Positionen gedrängt werden, die sie nicht wollen, sollte nicht ignoriert werden. Es besteht zudem die Möglichkeit, dass wirtschaftliche und politische Interessen die Gleichstellung als Mittel zur eigenen Bereicherung nutzen. Gleichstellung sollte bedeuten, dass alle Menschen die gleichen Chancen und Freiheiten haben – doch dies zu erreichen, erfordert weitaus mehr als Quoten und politische Rhetorik.

Punkt 6: Sauberes Wasser und Sanitäreinrichtungen – Wassermangel oder Machtkampf um Ressourcen?

Das sechste Ziel der Agenda 2030 lautet: „Verfügbarkeit und nachhaltige Bewirtschaftung von Wasser und Sanitärversorgung für alle gewährleisten." Zugang zu sauberem Wasser und angemessenen sanitären Einrichtungen ist zweifellos ein grundlegendes Menschenrecht, das für das Überleben und das Wohlstandsniveau von entscheidender Bedeutung ist. Doch auch hier gibt es eine Reihe von kritischen Punkten, die beleuchtet werden müssen.

1. Privatisierung von Wasser – Ein Menschenrecht oder Ware?

Einer der Hauptkritikpunkte an globalen Wasserprogrammen, die durch Initiativen wie die Agenda 2030 gefördert werden, ist die zunehmende Privatisierung von Wasserressourcen. Viele Länder und Städte haben Wasserinfrastruktur und Versorgungssysteme an private Konzerne verkauft oder verpachtet, was oft zu höheren Preisen und einer schlechteren Versorgung für die ärmeren Bevölkerungsschichten geführt hat. Während das Ziel „Wasser für alle" als moralisch gerechtfertigt präsentiert wird, besteht die Gefahr, dass dieses Ziel zur weiteren Kommerzialisierung von Wasser als Ware führt.

- **Kritikpunkt:** Wird das Ziel von „Wasser für alle" tatsächlich erreicht, oder handelt es sich um einen Vorwand, um Wasser zu privatisieren und den Zugang für arme Bevölkerungsgruppen einzuschränken?

2. Ressourcenkriege um Wasser

Die zunehmende Knappheit von Wasserressourcen hat in den letzten Jahren dazu geführt, dass Konflikte über Wasserrechte zunehmen. In vielen Regionen der Welt, insbesondere in wasserarmen Gebieten wie dem Nahen Osten und Nordafrika, sind Wasserrechte eine zentrale Ursache für geopolitische Spannungen. Das Ziel der Agenda 2030 könnte es sein, diese Konflikte durch ein gerechteres Wassermanagement zu entschärfen, doch es besteht die Befürchtung, dass es die Tür zu internationalen Eingriffen in nationale Ressourcenpolitik öffnet.

- **Kritikpunkt:** Wird das Ziel der Wasserverfügbarkeit dazu genutzt, um internationale Akteure in die Kontrolle über knappe Wasserressourcen einzubinden und die Souveränität wasserarmer Länder zu untergraben?

3. Infrastrukturprobleme – Wer zahlt den Preis?

In vielen Entwicklungsländern fehlt es an der nötigen Infrastruktur, um sauberes Wasser und sanitäre Einrichtungen flächendeckend bereitzustellen. Während die Agenda 2030 vorschlägt, in Wasserinfrastruktur zu investieren, stellen sich Fragen darüber, wer diese Projekte finanziert und wie diese langfristig erhalten werden. Werden ärmere Länder noch weiter in Schuldenfallen gedrängt, um Wasserinfrastruktur aufzubauen, die möglicherweise von internationalen Institutionen oder Konzernen kontrolliert wird?

- **Kritikpunkt:** Werden Entwicklungsländer gezwungen, enorme Schulden aufzunehmen, um teure Wasserinfrastruktur aufzubauen, die sie langfristig in eine finanzielle Abhängigkeit bringt?

4. Sauberes Wasser und Klima – Die unbeachtete Wechselwirkung

Klimawandel und Wasserknappheit stehen in direktem Zusammenhang, da Dürren, Überschwemmungen und schmelzende Gletscher die Verfügbarkeit von sauberem Wasser beeinflussen. Während die Agenda 2030 den Zugang zu Wasser für alle fordert, bleibt die Frage, wie realistisch dieses Ziel in einer Welt ist, in der klimatische Veränderungen die Wasserressourcen massiv beeinflussen. Kritiker könnten argumentieren, dass ohne einen starken Fokus auf Klimaschutzmaßnahmen die Forderung nach sauberem Wasser leer bleibt, da die natürlichen Wasservorkommen zunehmend geschädigt werden.

- **Kritikpunkt:** Ohne klare und konsequente Klimaschutzmaßnahmen bleibt das Ziel des Zugangs zu sauberem Wasser für alle nur ein theoretisches Versprechen, das durch Umweltzerstörung und Klimawandel unterlaufen wird.

5. Technologische Lösungen und Abhängigkeiten

Ein weiteres Problem, das mit der Umsetzung dieses Ziels verbunden ist, ist die Abhängigkeit von technologischen Lösungen. Viele Konzepte zur Wasserversorgung, insbesondere in wasserarmen Gebieten, setzen auf teure Technologien wie Entsalzungsanlagen, Wasseraufbereitungsanlagen oder komplexe Verteilungssysteme. Doch diese Technologien sind oft teuer und in den ärmeren Teilen der Welt nicht zugänglich. Zudem könnten sie dazu führen, dass Entwicklungsländer noch abhängiger von internationalen Unternehmen werden, die diese Technologien bereitstellen.

- **Kritikpunkt:** Werden technologische Lösungen die ärmeren Länder in eine Abhängigkeit von internationalen Unternehmen treiben, anstatt nachhaltige, lokale Lösungen zu fördern?

6. Wasserverschwendung in Industrieländern

Ein oft übersehener Aspekt der globalen Wasserproblematik ist die enorme Wasserverschwendung in reichen Industrieländern. Während die Agenda 2030 den Zugang zu sauberem Wasser für alle fordert, bleibt die Tatsache bestehen, dass in wohlhabenden Ländern wie den USA und Europa enorme Mengen an Wasser für industrielle Prozesse, Landwirtschaft und den privaten Verbrauch verschwendet werden. Kritiker könnten anmerken, dass ohne eine deutliche Reduzierung der Wasserverschwendung in reichen Ländern das globale Wassersystem weiterhin aus dem Gleichgewicht bleibt.

- **Kritikpunkt:** Werden reiche Länder dazu aufgefordert, ihre Wasserverschwendung zu reduzieren, oder konzentriert sich die Agenda 2030 ausschließlich auf den Aufbau von Wasserinfrastruktur in Entwicklungsländern?

Fazit: Wasser für alle – ein Kampf um Kontrolle und Ressourcen?

Das Ziel „Verfügbarkeit und nachhaltige Bewirtschaftung von Wasser und Sanitärversorgung für alle gewährleisten" ist zweifellos notwendig, doch es wirft viele Fragen auf. Von der Privatisierung von Wasser über internationale Konflikte bis hin zu den finanziellen und technologischen Herausforderungen der Wasserversorgung gibt es zahlreiche Hindernisse, die dieses Ziel zu einem geopolitischen

Machtspiel machen könnten. Kritische Fragen nach Kontrolle, Abhängigkeit und der wirklichen Machbarkeit dieses Ziels müssen gestellt werden, um sicherzustellen, dass das Versprechen der Agenda 2030 nicht in den Händen weniger Konzerne oder internationaler Institutionen endet.

Punkt 7: Bezahlbare und saubere Energie – Nachhaltigkeit oder neue Abhängigkeiten?

Das siebte Ziel der Agenda 2030 lautet: „Zugang zu bezahlbarer, verlässlicher, nachhaltiger und moderner Energie für alle sichern." Energie ist der Motor moderner Gesellschaften und für die globale wirtschaftliche Entwicklung von entscheidender Bedeutung. Die Förderung sauberer Energiequellen wie Solar- und Windkraft wird als zentrale Lösung im Kampf gegen den Klimawandel gesehen. Doch auch dieses Ziel ist komplexer, als es auf den ersten Blick erscheint, und birgt zahlreiche Herausforderungen und kritische Aspekte.

1. Wer profitiert von der „sauberen Energie"?

Der Übergang zu sauberer Energie wird oft als Allheilmittel für die Energiekrise und den Klimawandel betrachtet. Doch ein kritischer Blick auf die Energiewirtschaft zeigt, dass auch der Sektor der erneuerbaren Energien von großen Unternehmen dominiert wird, die nicht nur ökologische, sondern auch wirtschaftliche Interessen verfolgen. Solar- und Windenergieprojekte erfordern riesige Investitionen, oft von multinationalen Konzernen, die von Regierungen gefördert werden. Kritiker befürchten, dass die Dominanz dieser Konzerne neue wirtschaftliche Ungleichgewichte schaffen könnte, bei denen einige wenige Akteure die Kontrolle über die saubere Energieinfrastruktur erlangen.

- **Kritikpunkt:** Wird der Übergang zu sauberer Energie die Abhängigkeit von fossilen Brennstoffen nur durch eine neue Abhängigkeit von großen Unternehmen und deren Technologien ersetzen?

2. Rohstoffbedarf für saubere Energie

Erneuerbare Energiequellen wie Solarzellen, Batterien und Windkraftanlagen erfordern seltene und wertvolle Rohstoffe wie Lithium, Kobalt und Neodym. Diese Materialien sind in vielen Fällen in politisch instabilen Regionen zu finden, in denen sie unter teils unmenschlichen Bedingungen abgebaut werden. Die Nachfrage nach diesen Rohstoffen könnte zu neuen geopolitischen Spannungen und Umweltzerstörungen führen, da der Abbau oft erhebliche Umweltschäden verursacht. Es stellt sich die Frage, ob die Produktion erneuerbarer Energien wirklich so „sauber" ist, wie oft behauptet wird.

- **Kritikpunkt:** Der Übergang zu sauberer Energie erhöht die Abhängigkeit von seltenen Rohstoffen, deren Abbau oft mit Umweltzerstörung und Menschenrechtsverletzungen einhergeht.

3. Bezahlbare Energie für alle – Illusion oder Realität?

Die Einführung erneuerbarer Energien wird oft als eine Möglichkeit gesehen, Energie für alle zugänglicher zu machen. Doch in der Praxis sind die Kosten für den Aufbau und die Instandhaltung von Infrastrukturprojekten wie Windparks oder Solarzellenanlagen enorm. Diese Kosten könnten durch Subventionen getragen werden, was zu steigenden Steuern oder Energiekosten für die Verbraucher führen könnte. Insbesondere in Entwicklungsländern könnte es problematisch sein, eine bezahlbare Energieversorgung zu gewährleisten, da die benötigten Technologien teuer und schwer zugänglich sind.

- **Kritikpunkt:** Wird saubere Energie wirklich „bezahlbar" sein, oder werden steigende Kosten die ärmeren Bevölkerungsschichten belasten und den Zugang erschweren?

4. Energiesouveränität und geopolitische Abhängigkeiten

Eine der häufigsten Begründungen für den Übergang zu erneuerbaren Energien ist die Verringerung der Abhängigkeit von fossilen Brennstoffen und von politisch instabilen Regionen, die Öl und Gas exportieren. Doch auch der erneuerbare Energiesektor könnte neue geopolitische Abhängigkeiten schaffen, insbesondere von Ländern, die die erforderlichen Rohstoffe wie Lithium oder Kobalt liefern. Es besteht die Gefahr, dass bestimmte Länder in Abhängigkeit von neuen Energielieferanten geraten, was neue Machtkonflikte hervorruft.

- **Kritikpunkt:** Erneuerbare Energien könnten neue geopolitische Abhängigkeiten schaffen, anstatt die Energiesouveränität der Länder zu stärken.

5. Die Rolle der „grünen" Technologien: Nachhaltigkeit oder Greenwashing?

Viele Technologien, die als „grün" oder nachhaltig beworben werden, sind in Wirklichkeit nicht so umweltfreundlich, wie behauptet wird. Elektroautos, die stark auf Lithium-Ionen-Batterien angewiesen sind, benötigen enorme Mengen an Energie für ihre Produktion, und die Entsorgung der Batterien stellt ein erhebliches Umweltproblem dar. Auch große Solar- und Windparks benötigen enorme Flächen und haben einen Einfluss auf lokale Ökosysteme. Kritiker warnen davor, dass der Fokus auf „grüne" Technologien oft zu Greenwashing führt, bei dem die ökologischen Probleme nicht wirklich gelöst, sondern nur verschleiert werden.

- **Kritikpunkt:** Viele grüne Technologien sind nicht so nachhaltig, wie sie dargestellt werden, und ihre Produktion und Entsorgung stellen neue ökologische Herausforderungen dar.

6. Zugang zu Energie in Entwicklungsländern

Ein weiteres zentrales Problem bei der Umsetzung dieses Ziels ist die Frage, wie Länder des globalen

Südens in den Übergang zu erneuerbaren Energien einbezogen werden. Viele dieser Länder haben noch immer keinen zuverlässigen Zugang zu Elektrizität, geschweige denn zu sauberer Energie. Es besteht die Gefahr, dass diese Länder erneut von den reichen Industrieländern abgehängt werden, die über die finanziellen Mittel verfügen, um in teure erneuerbare Energietechnologien zu investieren.

- **Kritikpunkt:** Entwicklungsländer könnten im Wettlauf um erneuerbare Energien abgehängt werden und weiterhin von unsicheren und umweltschädlichen Energiequellen abhängig bleiben.

7. Übergangslösungen: Gas und Kernenergie

Während erneuerbare Energien das langfristige Ziel sind, gibt es viele Diskussionen über Übergangslösungen, die den Übergang von fossilen Brennstoffen unterstützen sollen. Einige Länder setzen verstärkt auf Erdgas oder sogar auf Kernenergie, um die Lücke zu füllen, bis erneuerbare Energien in großem Maßstab zur Verfügung stehen. Doch diese Lösungen sind umstritten: Erdgas ist zwar sauberer als Kohle, trägt aber immer noch zum Klimawandel bei, und Kernenergie bleibt wegen ihrer Sicherheitsrisiken und der ungelösten Entsorgung von Atommüll hoch umstritten.

- **Kritikpunkt:** Übergangslösungen wie Gas oder Kernenergie bringen neue ökologische und sicherheitstechnische Herausforderungen mit sich, die das Ziel der nachhaltigen Energiegewinnung in Frage stellen.

Fazit: Saubere Energie – eine saubere Lösung?

Das Ziel, bezahlbare und saubere Energie für alle bereitzustellen, ist notwendig, um den Klimawandel zu bekämpfen und die Lebensqualität weltweit zu verbessern. Doch bei genauerem Hinsehen gibt es viele Herausforderungen: von der Abhängigkeit von seltenen Rohstoffen über neue geopolitische Spannungen bis hin zur Frage, ob erneuerbare Energien wirklich für alle bezahlbar sein werden. Ohne eine tiefere Auseinandersetzung mit diesen Fragen läuft das Ziel Gefahr, neue Probleme zu schaffen, anstatt eine nachhaltige Lösung zu bieten.

Punkt 8: Menschenwürdige Arbeit und Wirtschaftswachstum – Wachstum um jeden Preis?

Das achte Ziel der Agenda 2030 lautet: „Dauerhaftes, inklusives und nachhaltiges Wirtschaftswachstum, produktive Vollbeschäftigung und menschenwürdige Arbeit für alle fördern." Dieses Ziel spricht einige der größten globalen Herausforderungen an, darunter Arbeitslosigkeit, Armut und soziale Ungleichheit. Doch die Umsetzung dieses Ziels wirft auch eine Reihe von kritischen Fragen auf, insbesondere in Bezug auf das Spannungsfeld zwischen Wirtschaftswachstum und Nachhaltigkeit.

1. Kann Wirtschaftswachstum wirklich nachhaltig sein?

Eines der grundlegendsten Probleme dieses Ziels ist der Widerspruch zwischen unendlichem Wirtschaftswachstum und den endlichen Ressourcen unseres Planeten. Viele Kritiker argumentieren, dass das Streben nach ständigem Wachstum mit der ökologischen Realität kollidiert, da Ressourcen wie Wasser, Energie und Rohstoffe begrenzt sind. Nachhaltigkeit und Wirtschaftswachstum scheinen sich also gegenseitig auszuschließen, wenn Wachstum auf ständigen Konsum und Ressourcennutzung basiert.

- **Kritikpunkt:** Ist es realistisch, dauerhaftes Wirtschaftswachstum und Nachhaltigkeit miteinander zu vereinen, oder führt der Wachstumszwang unweigerlich zur Ausbeutung natürlicher Ressourcen?

2. Menschenwürdige Arbeit – Ein universelles Konzept?

Das Konzept der „menschenwürdigen Arbeit" wird oft aus der Perspektive reicher Industrienationen definiert, in denen soziale Absicherungssysteme und Arbeitsschutzrechte stark ausgeprägt sind. Doch was bedeutet „menschenwürdige Arbeit" in Ländern mit völlig anderen wirtschaftlichen Bedingungen? Für viele Menschen in Entwicklungsländern besteht Arbeit oft aus informellen Tätigkeiten ohne feste Verträge, soziale Absicherung oder Arbeitsrechte. Hier stellt sich die Frage, ob dieses Ziel realistisch ist oder ob es sich um eine westliche Idealvorstellung handelt, die auf alle Länder angewendet wird.

- **Kritikpunkt:** Ist das Konzept „menschenwürdiger Arbeit" global umsetzbar, oder handelt es sich um eine westlich geprägte Vorstellung, die die wirtschaftlichen Realitäten vieler Länder ignoriert?

3. Der Druck zur Produktivität und seine Folgen

Ein weiteres zentrales Element dieses Ziels ist die Förderung produktiver Beschäftigung. In vielen Fällen bedeutet dies jedoch, dass der Druck auf Arbeitnehmer steigt, immer effizienter zu werden, oft ohne Rücksicht auf die langfristigen Folgen für die Gesundheit und das Wohlbefinden der Arbeitnehmer. Die Forderung nach Produktivität könnte in bestimmten Branchen zu übermäßigem Wettbewerb, Burnout und prekären Arbeitsbedingungen führen, was die soziale Dimension dieses Ziels gefährden könnte.

- **Kritikpunkt:** Kann produktive Beschäftigung wirklich menschenwürdig bleiben, wenn der Druck zur Effizienzsteigerung Arbeitnehmer belastet und ihre Arbeitsbedingungen verschlechtert?

4. Gig Economy und Prekarisierung der Arbeit

Ein Phänomen, das in den letzten Jahren immer mehr an Bedeutung gewonnen hat, ist die sogenannte Gig Economy. Plattformen wie Uber, Deliveroo oder Amazon Flex bieten flexible Arbeitsmöglichkeiten, aber oft auf Kosten sozialer Sicherheit und Arbeitsrechte. Diese Art von Beschäftigung kann in der Theorie zu mehr Jobs führen, aber sind es die „menschenwürdigen" Jobs, die die Agenda 2030 anstrebt? Viele dieser Plattformen umgehen traditionelle arbeitsrechtliche Standards, was zu einer Prekarisierung der Arbeit führt.

- **Kritikpunkt:** Fördert die Agenda 2030 durch das Ziel des Wirtschaftswachstums indirekt auch prekäre Arbeitsverhältnisse in der Gig Economy, die die Rechte von Arbeitnehmern schwächen?

5. Wirtschaftswachstum für wen?

Während das Ziel des Wirtschaftswachstums als notwendig für die Bekämpfung von Armut angesehen wird, gibt es starke Kritik an der Annahme, dass Wachstum automatisch zu einer gerechteren Verteilung des Wohlstands führt. In vielen Fällen profitieren die Wohlhabenden von Wirtschaftsaufschwüngen weitaus stärker als die ärmeren Bevölkerungsschichten, was zu einer Verstärkung der sozialen Ungleichheit führt. Dies stellt die Frage, ob das Wirtschaftswachstum tatsächlich inklusiv ist und ob es alle Gesellschaftsschichten gleichermaßen erreicht.

- **Kritikpunkt:** Wird Wirtschaftswachstum die soziale Ungleichheit verringern, oder führt es zu einer noch stärkeren Konzentration von Wohlstand bei den ohnehin Privilegierten?

6. Der Einfluss der Globalisierung auf Arbeitsmärkte

Die Globalisierung hat zwar die weltweite Wirtschaft vorangetrieben, aber sie hat auch dazu geführt, dass Arbeitsmärkte immer volatiler geworden sind. Unternehmen verlagern ihre Produktion in Länder mit niedrigeren Lohnkosten, was in Industrienationen zu einem Verlust von Arbeitsplätzen führt. Gleichzeitig profitieren oft nur bestimmte Gruppen in Entwicklungsländern von diesen Investitionen. Diese Dynamiken könnten dazu führen, dass die Umsetzung dieses Ziels durch globalisierte Arbeitsmärkte unterlaufen wird, die lokale Arbeitskräfte in einem ständigen Wettbewerb um Billiglohnjobs halten.

- **Kritikpunkt:** Kann das Ziel von menschenwürdiger Arbeit für alle erreicht werden, wenn die Dynamiken der globalisierten Wirtschaft Lohnniveau und Arbeitsrechte untergraben?

7. Digitalisierung und Arbeitsplatzverluste

Die Digitalisierung und Automatisierung verändern die Arbeitswelt in rasantem Tempo. Während einige Branchen durch technologische Fortschritte wachsen, führt dies auch zum Verlust von Arbeitsplätzen, insbesondere in der Industrie. Die Agenda 2030 betont die Notwendigkeit, produktive Beschäftigung zu schaffen, doch stellt sich die Frage, wie dies in einer Welt möglich ist, in der zunehmend Maschinen die Arbeit übernehmen. Die Herausforderung besteht darin, sicherzustellen, dass Menschen, die ihre Jobs durch Automatisierung verlieren, in neue, menschenwürdige Arbeitsverhältnisse integriert werden.

- **Kritikpunkt:** Kann die Agenda 2030 menschenwürdige Arbeit und produktive Vollbeschäftigung garantieren, wenn technologische Entwicklungen wie Automatisierung und Künstliche Intelligenz zunehmend Arbeitsplätze ersetzen?

Fazit: Wirtschaftswachstum – Wachstum für wen?

Das Ziel von menschenwürdiger Arbeit und Wirtschaftswachstum ist eines der ehrgeizigsten der Agenda 2030. Doch es wirft viele kritische Fragen auf: Kann Wachstum wirklich nachhaltig und inklusiv sein? Wer profitiert von diesem Wachstum, und werden wirklich alle Gesellschaftsschichten einbezogen? Welche Art von Arbeit wird geschaffen, und können Menschenrechte und soziale Absicherung in einer zunehmend globalisierten und digitalisierten Arbeitswelt aufrechterhalten werden?

Punkt 9: Industrie, Innovation und Infrastruktur – Fortschritt oder Abhängigkeit?

Das neunte Ziel der Agenda 2030 lautet: „Eine widerstandsfähige Infrastruktur aufbauen, inklusive und nachhaltige Industrialisierung fördern und Innovationen unterstützen." Die Bedeutung von Infrastruktur, Innovation und Industrie für die Entwicklung und das wirtschaftliche Wachstum einer Nation ist unbestritten. Doch auch dieses Ziel birgt Herausforderungen und Widersprüche, die einer kritischen Analyse bedürfen.

1. Nachhaltigkeit und Industrialisierung – Ein Widerspruch?

Das Ziel fördert die Industrialisierung als Schlüssel zu wirtschaftlicher Entwicklung, fordert gleichzeitig aber auch Nachhaltigkeit. Hier entsteht ein Spannungsfeld, da Industrialisierung traditionell auf fossilen Brennstoffen, Ressourcenverbrauch und Umwelteinflüssen basiert. Auch moderne Industrien, die oft mit neuen Technologien und Innovationen in Verbindung stehen, sind auf eine intensive Nutzung von Ressourcen wie Energie und Rohstoffen angewiesen. Kritiker argumentieren, dass es schwierig ist, diese beiden Ziele – Industrialisierung und Nachhaltigkeit – in Einklang zu bringen.

- **Kritikpunkt:** Kann Industrialisierung wirklich nachhaltig sein, oder führt sie unweigerlich zu Umweltzerstörung, auch wenn sie „grün" oder „sauber" genannt wird?

2. Digitalisierung – Innovation oder Jobkiller?

Ein zentraler Aspekt von Innovation ist die Digitalisierung, die in vielen Bereichen als Motor für wirtschaftlichen Fortschritt gilt. Doch die zunehmende Automatisierung und Digitalisierung führt in vielen traditionellen Industriezweigen auch zu Arbeitsplatzverlusten. Viele Aufgaben, die bisher von Menschen ausgeführt wurden, werden nun von Maschinen und Algorithmen übernommen. Kritiker werfen der Agenda vor, diese Auswirkungen auf den Arbeitsmarkt zu unterschätzen und nicht genügend Maßnahmen zu ergreifen, um die Menschen, die durch technologische Innovationen arbeitslos werden, zu unterstützen.

- **Kritikpunkt:** Führt die Förderung von Innovation und Digitalisierung zu einer neuen Welle der Arbeitslosigkeit, insbesondere in traditionellen Industrien, ohne dass adäquate Maßnahmen zur Umschulung und Unterstützung dieser Arbeitskräfte getroffen werden?

3. Globale Ungleichheiten bei der Infrastruktur

In vielen Entwicklungsländern fehlt es an grundlegender Infrastruktur wie Straßen, Brücken, Stromnetzen und Internetzugang. Die Agenda 2030 strebt den Aufbau widerstandsfähiger Infrastruktur an, doch stellt sich die Frage, wie realistisch dies angesichts der finanziellen und technischen Hürden ist. Oft sind die ärmsten Länder auf Kredite von internationalen Organisationen oder privaten Investoren angewiesen, um solche Projekte zu finanzieren, was sie in langfristige Schuldenfallen treiben kann.

- **Kritikpunkt:** Wird die Förderung von Infrastruktur in ärmeren Ländern wirklich zu deren Entwicklung beitragen, oder werden diese Länder durch Kredite und Schulden noch stärker in Abhängigkeit von reichen Nationen und internationalen Organisationen geraten?

4. Wer profitiert von Innovationen?

Innovation wird oft als universell vorteilhaft angesehen, doch in der Realität profitieren nicht alle Menschen gleichermaßen von technologischen Fortschritten. Große Unternehmen, die Patente und technologische Entwicklungen kontrollieren, ziehen den größten Nutzen aus Innovationen, während kleine Unternehmen und weniger wohlhabende Länder oft hinterherhinken. Es besteht die Gefahr, dass die Innovationsförderung in erster Linie großen multinationalen Konzernen zugutekommt, während der Rest der Gesellschaft nur wenig von den technologischen Fortschritten profitiert.

- **Kritikpunkt:** Fördert die Agenda 2030 Innovationen, die nur großen Unternehmen und reichen Ländern zugutekommen, oder wird sie wirklich zu einer fairen Verteilung der technologischen Fortschritte beitragen?

5. Umweltauswirkungen von Infrastrukturprojekten

Große Infrastrukturprojekte, wie der Bau von Autobahnen, Brücken oder Flughäfen, haben oft erhebliche Umweltauswirkungen. Wälder müssen abgeholzt, Flüsse umgeleitet und Land umgestaltet werden, um Platz für diese Projekte zu schaffen. Die Frage ist, wie die Agenda 2030 sicherstellen will, dass solche Projekte nachhaltig umgesetzt werden, ohne dass sie die natürlichen Lebensräume zerstören oder die lokale Umwelt schädigen.

- **Kritikpunkt:** Wie kann die Agenda 2030 garantieren, dass die Förderung von Infrastrukturprojekten nicht zu Umweltzerstörung und zum Verlust von Biodiversität führt?

6. Innovationsdruck und gesellschaftliche Auswirkungen

Die Förderung von Innovationen und neuen Technologien bringt einen ständigen Innovationsdruck mit sich. Unternehmen müssen immer schneller neue Technologien entwickeln und auf den Markt bringen, um wettbewerbsfähig zu bleiben. Dies kann jedoch auch zu negativen gesellschaftlichen Folgen führen, wie etwa einer Überforderung der Arbeitskräfte, einem Verlust von Stabilität in den Unternehmen und einem erhöhten Stresslevel in der Gesellschaft. Auch der schnelle technologische Wandel kann zu sozialen Spannungen führen, da nicht alle Menschen in der Lage sind, mit diesen Veränderungen Schritt zu halten.

- **Kritikpunkt:** Kann der ständige Innovationsdruck zu negativen gesellschaftlichen Folgen führen, wie etwa Burnout, Stress und sozialer Ungleichheit?

7. Abhängigkeit von ausländischer Technologie und Know-how

Viele Länder sind auf den Import von Technologien und Know-how aus Industrieländern angewiesen, um ihre Infrastruktur zu modernisieren und innovative Projekte umzusetzen. Dies führt zu neuen Abhängigkeiten, da diese Technologien oft von wenigen multinationalen Konzernen kontrolliert werden. Diese Abhängigkeit könnte die nationale Souveränität schwächen und es den

Industrieländern ermöglichen, die wirtschaftliche Entwicklung der ärmeren Länder zu beeinflussen.

- **Kritikpunkt:** Fördert die Agenda 2030 neue Abhängigkeiten von technologischen und wirtschaftlichen Eliten, die die nationale Souveränität gefährden und die Ungleichheit zwischen Ländern vergrößern?

Fazit: Fortschritt oder neue Abhängigkeiten?

Das Ziel, durch den Aufbau von Infrastruktur und die Förderung von Innovationen das Wirtschaftswachstum zu fördern, ist zweifellos notwendig, um die Lebensqualität weltweit zu verbessern. Doch es birgt auch viele Herausforderungen: von den Umweltauswirkungen großer Infrastrukturprojekte über die wachsende Kluft zwischen reichen und armen Ländern bis hin zu den sozialen Folgen des Innovationsdrucks. Kritische Fragen nach der Fairness, der Nachhaltigkeit und den langfristigen Auswirkungen auf Gesellschaft und Umwelt müssen gestellt werden, um sicherzustellen, dass dieses Ziel nicht zu neuen Abhängigkeiten und Ungleichheiten führt.

Punkt 10: Weniger Ungleichheiten – Zwischen hehren Zielen und politischen Realitäten

Das zehnte Ziel der Agenda 2030 lautet: „Ungleichheiten in und zwischen Ländern verringern." Dies zielt darauf ab, soziale, wirtschaftliche und politische Ungleichheiten innerhalb von Nationen sowie zwischen reicheren und ärmeren Ländern zu bekämpfen. Doch dieses Ziel birgt viele Herausforderungen, da die Ursachen für Ungleichheit tief in historischen, politischen und wirtschaftlichen Strukturen verankert sind. Eine kritische Betrachtung dieses Ziels wirft Fragen darüber auf, wie realistisch es ist, diese Ungleichheiten zu verringern, und ob die vorgeschlagenen Maßnahmen tatsächlich den gewünschten Effekt haben werden.

1. Globale Wirtschaftsstrukturen und Machtverhältnisse

Eine der größten Herausforderungen bei der Verringerung von Ungleichheiten zwischen Ländern ist die globale Wirtschaftsstruktur, die stark von reichen Industrienationen und multinationalen Unternehmen dominiert wird. Die Machtverhältnisse im Welthandel, bei Investitionen und in der internationalen Finanzarchitektur begünstigen oft die wohlhabenderen Länder, während ärmere Länder in Abhängigkeit von Krediten und Entwicklungsprojekten gehalten werden. Das Ziel, diese Ungleichheiten zu verringern, erfordert grundlegende Reformen dieser Strukturen –

etwas, das historisch sehr schwer durchzusetzen ist.

- **Kritikpunkt:** Kann das Ziel der Verringerung von Ungleichheiten wirklich erreicht werden, ohne die grundlegenden Machtstrukturen der globalen Wirtschaft zu verändern, die oft auf Ausbeutung und Ungleichheit beruhen?

2. Steuerflucht und Kapitalflüsse

Eine der größten Herausforderungen bei der Bekämpfung wirtschaftlicher Ungleichheiten ist die Steuerflucht von multinationalen Konzernen und Superreichen. Große Konzerne nutzen Steuerschlupflöcher und Offshore-Konten, um Gewinne zu verschleiern und Steuerzahlungen zu vermeiden. Dies führt zu einem enormen Verlust an Steuereinnahmen für viele Länder, insbesondere in Entwicklungsländern, die diese Einnahmen dringend für öffentliche Investitionen benötigen. Die Agenda 2030 spricht diese Problematik zwar an, doch stellt sich die Frage, ob wirklich genug getan wird, um diese Praktiken zu unterbinden.

- **Kritikpunkt:** Wird die Steuerflucht der Reichen und mächtigen Konzerne effektiv bekämpft, oder wird sie weitgehend ignoriert, da die politische und wirtschaftliche Macht dieser Akteure zu groß ist?

3. Soziale Ungleichheiten innerhalb von Ländern

Innerhalb von Ländern, insbesondere in wohlhabenderen Nationen, ist die soziale Ungleichheit in den letzten Jahrzehnten gestiegen. Einkommensunterschiede, ungleiche Vermögensverteilung und mangelnde soziale Mobilität prägen das Bild vieler Gesellschaften. Auch hier besteht die Frage, wie realistisch es ist, diese Ungleichheiten zu verringern, wenn die politischen Systeme oft von den wirtschaftlichen Eliten beeinflusst werden, die kein Interesse an einer Umverteilung haben.

- **Kritikpunkt:** Werden die Ungleichheiten innerhalb der Länder tatsächlich angegangen, oder wird die politische Macht der wirtschaftlichen Eliten eine echte Veränderung verhindern?

4. Die Rolle internationaler Institutionen

Organisationen wie der Internationale Währungsfonds (IWF) und die Weltbank spielen eine wichtige Rolle in der globalen Wirtschaftspolitik, insbesondere in der Beziehung zwischen wohlhabenden und ärmeren Ländern. Doch in der Vergangenheit haben diese Institutionen oft wirtschaftliche Reformen durchgesetzt, die zu weiteren Ungleichheiten geführt haben. Programme zur Haushaltskonsolidierung, die von diesen Institutionen in Krisenländern gefordert wurden, führten oft zu Kürzungen bei Sozialprogrammen, Gesundheit und Bildung, was die ärmere Bevölkerung besonders hart traf.

- **Kritikpunkt:** Werden internationale Institutionen wie der IWF und die Weltbank ihre politischen und wirtschaftlichen Programme reformieren, um Ungleichheiten zu verringern, oder bleibt ihre Politik weiterhin von neoliberalen Dogmen geprägt, die die Kluft zwischen Arm und Reich vergrößern?

5. Migration und ungleiche Chancen

Migration ist ein komplexes Thema, das ebenfalls mit Ungleichheit zusammenhängt. Viele Menschen verlassen ihre Heimatländer aufgrund wirtschaftlicher Ungleichheit und mangelnder Chancen. Während Migration eine Möglichkeit darstellt, um Armut zu entkommen, führt sie auch zu neuen Spannungen. Migranten sehen sich in vielen wohlhabenden Ländern Diskriminierung und schlechten Arbeitsbedingungen ausgesetzt, was die Ungleichheit zwischen Einheimischen und Zuwanderern verstärkt.

- **Kritikpunkt:** Kann die Agenda 2030 wirklich dazu beitragen, die Ungleichheit in Bezug auf Migration und die Integration von Migranten zu verringern, oder werden Migranten weiterhin in vielen Gesellschaften marginalisiert?

6. Technologie und digitale Kluft

Technologischer Fortschritt kann sowohl Chancen schaffen als auch Ungleichheiten verstärken. Der Zugang zu modernen Technologien ist ungleich verteilt, wobei reiche Länder und wohlhabende Individuen viel besseren Zugang zu Internet, Bildung und Technologie haben als arme Bevölkerungsschichten. Diese „digitale Kluft" könnte die wirtschaftlichen und sozialen Ungleichheiten weiter vergrößern, wenn nicht aktiv gegengesteuert wird.

- **Kritikpunkt:** Wird die Agenda 2030 in der Lage sein, den technologischen Zugang weltweit zu verbessern, oder wird der technologische Fortschritt die Kluft zwischen reichen und armen Ländern weiter vergrößern?

Fazit: Ein Kampf gegen Windmühlen?

Das Ziel, Ungleichheiten zu verringern, ist ein hehres und notwendiges Ziel. Doch es stellt sich die Frage, ob die Maßnahmen der Agenda 2030 ausreichen, um die tief verwurzelten politischen, wirtschaftlichen und sozialen Ungleichheiten zu bekämpfen. Ohne eine umfassende Reform der globalen Wirtschaftsstrukturen, die Bekämpfung der Steuerflucht und den Abbau der Macht von Eliten könnten die Ziele nur symbolisch bleiben, ohne die zugrunde liegenden Ursachen der Ungleichheit wirklich anzugehen.

Punkt 11: Nachhaltige Städte und Gemeinden – Fortschritt oder Gentrifizierung?

Das elfte Ziel der Agenda 2030 lautet: „Städte und Siedlungen inklusiv, sicher, widerstandsfähig und nachhaltig gestalten." Städte stehen im Mittelpunkt der globalen wirtschaftlichen und sozialen Entwicklung, da ein Großteil der Weltbevölkerung in urbanen Räumen lebt. Die Herausforderungen, die das Wachstum von Städten mit sich bringt – von der Infrastruktur über die Umwelt bis hin zur sozialen Gerechtigkeit – sind enorm. Doch auch hier gibt es kritische Punkte, die man hinterfragen muss, insbesondere in Bezug auf die sozialen Auswirkungen und die Nachhaltigkeit von Stadtentwicklungsprojekten.

1. Nachhaltige Städte für wen?

Die Idee nachhaltiger Städte scheint auf den ersten Blick universell positiv, doch stellt sich die Frage, für wen diese Städte wirklich gebaut werden. In vielen Fällen wird Stadtentwicklung von großen Investoren und Unternehmen getrieben, die luxuriöse Wohnräume schaffen, die für die ärmere Bevölkerung unerschwinglich sind. Diese Prozesse der Gentrifizierung, bei denen einkommensschwache Gemeinschaften aus ihren Vierteln verdrängt werden, stehen im Widerspruch zum Ziel der inklusiven Städte. Wenn Städte nachhaltiger werden, aber nur für Wohlhabende, bleibt das Problem der sozialen Ungleichheit ungelöst.

- **Kritikpunkt:** Wird die Stadtentwicklung tatsächlich inklusiv und nachhaltig sein, oder führen Prozesse der Gentrifizierung dazu, dass die ärmere Bevölkerung verdrängt wird, während reiche Investoren profitieren?

2. Energieeffizienz und Ressourcenverbrauch in Städten

Viele der Bemühungen zur Schaffung nachhaltiger Städte konzentrieren sich auf die Energieeffizienz von Gebäuden und die Reduzierung des Ressourcenverbrauchs. Der Bau von „grünen" Hochhäusern und energieeffizienten Bürogebäuden ist sicherlich ein Fortschritt, doch diese Projekte sind oft extrem ressourcenintensiv und erfordern große Mengen an Rohstoffen, insbesondere in der Bauphase. Zudem sind viele dieser nachhaltigen Technologien teuer und daher nicht für alle verfügbar.

- **Kritikpunkt:** Kann die Schaffung energieeffizienter Gebäude wirklich nachhaltig sein, wenn der Ressourcenverbrauch und die Kosten dieser Projekte zu hoch sind, um sie für alle zugänglich zu machen?

3. Öffentliche Verkehrsmittel und Infrastruktur

Ein zentrales Element der nachhaltigen Stadtentwicklung ist der Ausbau von öffentlichen Verkehrsmitteln und grüner Infrastruktur. In der Theorie sollen diese Maßnahmen den Verkehr entlasten, den CO_2-Ausstoß verringern und die Städte lebenswerter machen. Doch in der Praxis haben viele Städte Probleme, die nötigen Investitionen für den Ausbau solcher Systeme zu finden. Zudem stellt sich die Frage, ob die geplanten Lösungen wirklich für alle zugänglich sind oder ob sie nur bestimmte Bevölkerungsschichten erreichen.

- **Kritikpunkt:** Werden öffentliche Verkehrsmittel und grüne Infrastruktur wirklich für alle zugänglich sein, oder konzentrieren sich die Investitionen auf wohlhabendere Stadtteile, während ärmere Viertel weiter benachteiligt bleiben?

4. Soziale Gerechtigkeit und nachhaltige Stadtentwicklung

Eine nachhaltige Stadt sollte nicht nur ökologisch, sondern auch sozial gerecht sein. Doch in vielen Städten gibt es eine zunehmende Kluft zwischen reichen und armen Stadtteilen, die sich durch Stadtentwicklungsprojekte oft weiter vertieft. Luxuriöse Wohnprojekte und teure Sanierungen führen oft zu Mietsteigerungen und zur Verdrängung von einkommensschwachen Bewohnern. Diese Entwicklung gefährdet die soziale Gerechtigkeit, die in der Agenda 2030 ebenfalls gefördert werden soll.

- **Kritikpunkt:** Wie kann nachhaltige Stadtentwicklung sozial gerecht gestaltet werden, wenn teure Entwicklungsprojekte einkommensschwache Gemeinschaften aus ihren angestammten Wohnvierteln verdrängen?

5. Der Einfluss multinationaler Unternehmen

Stadtentwicklungsprojekte werden zunehmend von großen multinationalen Unternehmen dominiert, die in die Bauwirtschaft und Immobilienmärkte investieren. Diese Unternehmen haben oft mehr Interesse an kurzfristigen Profiten als an langfristiger Nachhaltigkeit oder sozialer Gerechtigkeit. Sie haben die Macht, den urbanen Raum nach ihren eigenen wirtschaftlichen Interessen zu gestalten, was die lokale Bevölkerung oft wenig einbezieht.

- **Kritikpunkt:** Wie können Städte nachhaltig gestaltet werden, wenn multinationale Unternehmen die Stadtentwicklung dominieren und die Interessen der lokalen Bevölkerung in den Hintergrund treten?

6. Megastädte und ökologische Herausforderungen

Ein weiterer zentraler Aspekt der nachhaltigen Stadtentwicklung ist die Herausforderung, Megastädte umweltfreundlich und widerstandsfähig zu gestalten. Viele der größten Städte der Welt wachsen in rasantem Tempo, was zu einer Überlastung der städtischen Infrastruktur führt. Die Umweltbelastung durch Verkehr, Industrie und den steigenden Wasser- und Energiebedarf stellt die Nachhaltigkeit dieser Städte infrage. Ohne eine gründliche Umstrukturierung dieser Städte ist es schwer vorstellbar, wie sie wirklich nachhaltig werden können.

- **Kritikpunkt:** Wie können Megastädte nachhaltig gestaltet werden, wenn die bestehenden Infrastrukturprobleme und die Umweltbelastungen in den meisten Fällen kaum kontrollierbar sind?

Fazit: Nachhaltige Städte – nur für wenige?

Das Ziel, Städte nachhaltig und inklusiv zu gestalten, ist ein hehres Anliegen. Doch in der Realität stellen sich viele Fragen: Wer profitiert von den nachhaltigen Stadtentwicklungsprojekten? Werden einkommensschwache Gemeinschaften durch Gentrifizierung verdrängt? Können Megastädte überhaupt nachhaltig sein, angesichts der enormen Herausforderungen, die sie bereits heute bewältigen müssen? Eine nachhaltige Stadtentwicklung muss soziale Gerechtigkeit, Zugänglichkeit und ökologische Nachhaltigkeit in den Mittelpunkt stellen, um wirklich inklusiv zu sein – andernfalls bleiben diese Projekte ein Privileg der Reichen.

Punkt 12: Nachhaltiger Konsum und Produktion – Realität oder bloßes Greenwashing?

Das zwölfte Ziel der Agenda 2030 lautet: „Nachhaltige Konsum- und Produktionsmuster sicherstellen." Dieses Ziel zielt darauf ab, den Ressourcenverbrauch zu minimieren, Umweltauswirkungen zu reduzieren und eine verantwortungsvolle Produktion zu fördern. Doch dieses Ziel ist komplex und birgt zahlreiche Herausforderungen, die kritisch hinterfragt werden müssen. Es stellt sich die Frage, ob nachhaltiger Konsum und Produktion wirklich global erreicht werden können oder ob diese Initiativen oft in der Praxis verwässert werden.

1. Was bedeutet „nachhaltiger Konsum" wirklich?

Nachhaltiger Konsum wird oft als die Verantwortung des Einzelnen dargestellt, weniger zu kaufen, umweltfreundlichere Produkte zu wählen und den eigenen ökologischen Fußabdruck zu minimieren. Doch diese Vorstellung verlagert die Verantwortung oft von den großen Akteuren – den Konzernen und Regierungen – auf den Einzelnen. Während individueller Konsumverzicht wichtig ist, stellt sich die Frage, ob das Problem des übermäßigen Konsums nicht vielmehr in den strukturellen Mechanismen des Kapitalismus liegt, der auf ständigem Wachstum und Konsum basiert.

- **Kritikpunkt:** Wird der Fokus auf nachhaltigen Konsum von Individuen als eine Möglichkeit genutzt, um die Verantwortung der großen Unternehmen und politischen Entscheidungsträger zu verschleiern?

2. Die Rolle der großen Konzerne – Greenwashing statt echter Nachhaltigkeit?

Viele Unternehmen präsentieren sich heute als nachhaltig, indem sie ihre Produkte als „grün", „umweltfreundlich" oder „nachhaltig produziert" bezeichnen. Doch oft handelt es sich hierbei um Greenwashing, bei dem Marketingstrategien eingesetzt werden, um den Anschein zu erwecken, dass ein Unternehmen umweltfreundlich handelt, während die Produktionsprozesse nach wie vor umweltschädlich sind. Kritiker argumentieren, dass der Fokus auf nachhaltigen Konsum oft dazu führt, dass große Konzerne ihre Verantwortung verschleiern, indem sie oberflächliche Veränderungen vornehmen, ohne ihre grundlegenden Praktiken zu ändern.

- **Kritikpunkt:** Ist der Trend zu „nachhaltigen" Produkten und Marken lediglich Greenwashing, das den Konsumenten ein gutes Gewissen verschafft, während die grundlegenden Strukturen des Überkonsums und der Ressourcenverschwendung bestehen bleiben?

3. Ressourcenverbrauch und Grenzen des Wachstums

Das Ziel nachhaltiger Produktion und Konsumierung steht im Widerspruch zu dem globalen Wirtschaftssystem, das auf unendlichem Wachstum basiert. Um wirklich nachhaltig zu wirtschaften, müsste der Ressourcenverbrauch drastisch reduziert werden, was wiederum das Wirtschaftswachstum hemmen könnte. Es gibt nur begrenzte natürliche Ressourcen, und die Förderung von nachhaltiger Produktion könnte auf lange Sicht bedeuten, dass das Wachstumsparadigma grundlegend hinterfragt werden muss.

- **Kritikpunkt:** Kann nachhaltige Produktion und Konsum wirklich erreicht werden, ohne die Wachstumslogik des globalen Kapitalismus infrage zu stellen?

4. Die Rolle der Verbraucher – Illusion der Wahlfreiheit?

Nachhaltiger Konsum basiert auf der Annahme, dass Verbraucher die Wahl haben, nachhaltigere Produkte zu kaufen und dadurch den Markt zu beeinflussen. Doch oft sind umweltfreundliche Produkte teurer und daher nicht für alle zugänglich. In vielen Fällen gibt es in bestimmten Märkten auch keine echten Alternativen zu nicht-nachhaltigen Produkten. Dies führt zur Frage, ob nachhaltiger Konsum wirklich eine Frage individueller Entscheidung ist oder ob es sich um eine Illusion von Wahlfreiheit handelt, die die strukturellen Probleme nicht löst.

- **Kritikpunkt:** Ist der Fokus auf nachhaltigen Konsum eine Illusion der Wahlfreiheit, wenn viele Menschen sich umweltfreundlichere Produkte gar nicht leisten können oder sie gar nicht verfügbar sind?

5. Der Export von Umweltbelastungen in Entwicklungsländer

Viele der umweltfreundlichen Produkte, die in Industrieländern als nachhaltig gelten, werden in Entwicklungsländern unter oft katastrophalen ökologischen und sozialen Bedingungen produziert. Der Abbau von Rohstoffen wie Lithium für Batterien oder seltene Erden für Elektronik führt zu erheblichen Umweltzerstörungen in den ärmeren Ländern, die am meisten unter den ökologischen Folgen leiden, während die wohlhabenderen Länder die Vorteile genießen.

- **Kritikpunkt:** Wird nachhaltige Produktion und Konsum global betrachtet, oder wird die Umweltbelastung oft einfach in Entwicklungsländer exportiert, um die ökologische Bilanz reicher Länder zu schonen?

6. Die Herausforderung der Kreislaufwirtschaft

Eine echte nachhaltige Wirtschaft müsste auf einem Kreislaufwirtschaftsmodell basieren, in dem Produkte wiederverwertet und Abfall minimiert wird. Doch die Umsetzung eines solchen Modells ist extrem schwierig und erfordert eine völlige Umstrukturierung der derzeitigen Produktions- und Konsummuster. Viele Produkte sind nicht dafür ausgelegt, recycelt zu werden, und es fehlen die Infrastrukturen, um Abfall effizient wiederzuverwerten.

- **Kritikpunkt:** Ist das derzeitige System fähig, eine echte Kreislaufwirtschaft zu unterstützen, oder stehen die gegenwärtigen Produktionsprozesse dem entgegen?

Fazit: Nachhaltiger Konsum – Ein leeres Versprechen?

Das Ziel der nachhaltigen Produktion und des Konsums ist wichtig, um die ökologischen Herausforderungen unserer Zeit zu bewältigen. Doch es stellt sich die Frage, ob die Umsetzung dieses Ziels in der Praxis realistisch ist, wenn große Unternehmen weiterhin unnachhaltige Praktiken fördern und der Druck auf Einzelpersonen gelenkt wird. Ohne tiefgreifende Veränderungen in der Art und Weise, wie Wirtschaft und Konsum strukturiert sind, bleibt das Ziel möglicherweise ein leeres Versprechen, das den Planeten weiterhin belastet.

Punkt 13: Maßnahmen zum Klimaschutz – Rettung des Planeten oder Symbolpolitik?

Das dreizehnte Ziel der Agenda 2030 lautet: „Umgehend Maßnahmen zur Bekämpfung des Klimawandels und seiner Auswirkungen ergreifen." Dieses Ziel gehört zu den zentralen Themen unserer Zeit, da der Klimawandel die Welt mit beispiellosen Herausforderungen konfrontiert. Es zielt darauf ab, globale Anstrengungen zur Reduzierung von Treibhausgasemissionen, zur Anpassung an die Folgen des Klimawandels und zur Förderung nachhaltiger Praktiken zu verstärken. Doch auch dieses Ziel ist mit einer Reihe von kritischen Fragen behaftet.

1. Symbolpolitik statt echter Klimaschutz?

Viele Klimaschutzmaßnahmen, die von Regierungen oder internationalen Organisationen angekündigt werden, laufen Gefahr, als Symbolpolitik wahrgenommen zu werden. Häufig werden Klimaziele verkündet, aber konkrete Maßnahmen, um diese Ziele zu erreichen, bleiben vage oder werden auf die Zukunft verschoben. Konferenzen wie die COP-Gipfel haben oft weitreichende Erklärungen und Versprechen hervorgebracht, doch die tatsächliche Umsetzung dieser Vereinbarungen hinkt hinterher.

- **Kritikpunkt:** Wird das Ziel des Klimaschutzes wirklich durch konkrete und sofortige Maßnahmen unterstützt, oder bleibt es oft bei symbolischen Ankündigungen und weit entfernten Zielen?

2. Die Dominanz großer Emittenten und Industrieländer

Ein weiteres zentrales Problem beim Klimaschutz ist die Rolle der großen Emittenten von Treibhausgasen, insbesondere Industrieländer wie die USA, China und die EU. Diese Länder sind für den Großteil der globalen Emissionen verantwortlich, während die Auswirkungen des Klimawandels oft die ärmsten Länder der Welt am stärksten treffen. Die Agenda 2030 fordert globale Klimamaßnahmen, doch es stellt sich die Frage, ob die größten Emittenten genug tun, um ihre Verantwortung wahrzunehmen, oder ob sie eher darauf abzielen, die Last auf ärmere Länder abzuwälzen.

- **Kritikpunkt:** Wird genug Druck auf die größten Verursacher von Treibhausgasen ausgeübt, um ihre Emissionen zu reduzieren, oder wird der Fokus auf ärmere Länder verschoben, die unter dem Klimawandel leiden, aber nur einen geringen Anteil an den Emissionen haben?

3. Klimagerechtigkeit: Wer zahlt den Preis?

Die Frage der Klimagerechtigkeit ist eng mit der Verantwortung der Industrieländer für den Klimawandel verbunden. Während wohlhabendere Länder Ressourcen für die Anpassung an den Klimawandel und die Umsetzung von Klimaschutzmaßnahmen bereitstellen können, sind viele ärmere Länder nicht in der Lage, dies zu tun. Das Prinzip der Klimagerechtigkeit verlangt, dass jene Länder, die historisch am meisten zur Erwärmung beigetragen haben, auch die Hauptlast der Bekämpfung tragen und finanzielle Unterstützung für die am stärksten betroffenen Länder bereitstellen.

- **Kritikpunkt:** Werden die Verantwortlichen des Klimawandels tatsächlich zur Verantwortung gezogen, oder tragen die am stärksten betroffenen Länder die größten Kosten, obwohl sie am wenigsten zur Krise beigetragen haben?

4. Der Einfluss der fossilen Lobby

Die mächtige Lobby der fossilen Brennstoffindustrie hat weltweit einen erheblichen Einfluss auf die Politik, was den Fortschritt in Richtung echter Klimaschutzmaßnahmen behindern kann. Trotz der wissenschaftlichen Beweise für den Klimawandel gibt es immer noch starken Widerstand von Seiten dieser Industrien gegen Maßnahmen zur Reduzierung von Emissionen. Die Frage ist, ob die Politik in der Lage ist, sich dem Druck dieser mächtigen Interessengruppen zu widersetzen.

- **Kritikpunkt:** Kann der Einfluss der fossilen Brennstofflobby gebrochen werden, um wirksame Klimaschutzmaßnahmen zu ermöglichen, oder wird diese Lobby weiterhin den Fortschritt blockieren?

5. CO_2-Kompensation und „grüne" Lösungen

Viele Unternehmen und Länder nutzen CO_2-Kompensationen als Teil ihrer Klimastrategie. Während diese Maßnahmen in der Theorie dazu beitragen können, den CO_2-Ausstoß zu verringern, werden sie oft als „Ablasshandel" kritisiert. Anstatt echte Veränderungen vorzunehmen, um die Emissionen zu reduzieren, werden Kompensationen als Mittel genutzt, um den Status quo aufrechtzuerhalten. Zudem werden viele grüne Technologien, die als Lösungen für den Klimawandel präsentiert werden, selbst als umweltschädlich kritisiert, wie etwa die intensive Nutzung von Rohstoffen für Batterien.

- **Kritikpunkt:** Sind CO_2-Kompensationen und viele „grüne" Technologien wirklich nachhaltige Lösungen, oder dienen sie dazu, das bestehende System zu legitimieren, ohne echte Veränderungen zu fördern?

6. Anpassung vs. Vermeidung

Es gibt eine zunehmende Diskussion darüber, ob der Fokus beim Klimaschutz auf der Vermeidung weiterer Emissionen oder auf der Anpassung an die bereits unvermeidlichen Folgen des Klimawandels liegen sollte. Viele Kritiker argumentieren, dass zu viel Energie darauf verwendet wird, zukünftige Emissionen zu verhindern, während nicht genug Ressourcen in die Anpassung gesteckt werden, um sich auf unvermeidliche Katastrophen wie steigende Meeresspiegel, Extremwetterereignisse und Nahrungsmittelknappheit vorzubereiten.

- **Kritikpunkt:** Wird genug getan, um sich an die unvermeidlichen Auswirkungen des Klimawandels anzupassen, oder konzentrieren sich die Klimaschutzmaßnahmen zu sehr auf zukünftige Vermeidungsziele?

Fazit: Klimaschutz – ein schwer umkämpftes Ziel?

Das Ziel, den Klimawandel zu bekämpfen, ist eines der dringlichsten der Agenda 2030. Doch bei genauerem Hinsehen stellt sich die Frage, ob die Maßnahmen, die derzeit ergriffen werden, wirklich ausreichen, um die globale Erwärmung zu verlangsamen und die Welt auf eine nachhaltigere Bahn zu lenken. Die Rolle der größten Emittenten, der Einfluss der fossilen Brennstoffindustrie und die Verlagerung der Verantwortung auf ärmere Länder sind zentrale Punkte, die hinterfragt werden müssen. Ohne tiefgreifende und sofortige Veränderungen könnte der Klimaschutz zu einem weiteren symbolischen Ziel werden, das in der Praxis schwer zu erreichen ist.

Punkt 14: Leben unter Wasser – Ozeane retten oder den maritimen Kolonialismus fortsetzen?

Das vierzehnte Ziel der Agenda 2030 lautet: „Ozeane, Meere und Meeresressourcen im Sinne nachhaltiger Entwicklung bewahren und nachhaltig nutzen." Die Erhaltung der Ozeane und Meeresressourcen ist von zentraler Bedeutung für das Überleben zahlreicher Ökosysteme, den globalen Klimahaushalt und die Existenz von Milliarden von Menschen, die auf Fischerei und Küstenressourcen angewiesen sind. Doch auch dieses Ziel hat viele kritische Aspekte, die man hinterfragen sollte, besonders in Bezug auf Machtverhältnisse, wirtschaftliche Interessen und die Ausbeutung der Meere.

1. Der globale Kampf um Meeresressourcen

Ozeane sind ein wichtiger Teil des weltweiten Wirtschaftsgefüges, da sie eine Vielzahl von wertvollen Ressourcen wie Fisch, Öl und Gas enthalten. Viele Nationen und multinationale Konzerne haben Interesse daran, diese Ressourcen zu nutzen. Während die Agenda 2030 darauf abzielt, die nachhaltige Nutzung der Meeresressourcen zu fördern, bleibt die Frage, ob dies nicht weiterhin zu einer Ausbeutung der Meere führt. Insbesondere große Fischereinationen und internationale Unternehmen dominieren die Nutzung der Meeresressourcen, was oft auf Kosten kleinerer und ärmerer Küstengemeinden geht.

- **Kritikpunkt:** Wird die nachhaltige Nutzung der Meere wirklich gefördert, oder setzt sich die Ausbeutung durch mächtige Nationen und Konzerne fort, während lokale Gemeinden marginalisiert werden?

2. Überfischung und der industrielle Fischfang

Ein großes Problem in Bezug auf die Meeresressourcen ist die Überfischung. Viele Fischbestände sind durch den intensiven industriellen Fischfang an den Rand des Kollapses gebracht worden. Trotz bestehender Regulierungen und Bemühungen zur Kontrolle der Fischerei gibt es immer noch viele illegale, unregulierte und unberichtete Fischereiaktivitäten. Während die Agenda 2030 die Wiederherstellung der Fischbestände anstrebt, stellt sich die Frage, ob die politischen und wirtschaftlichen Rahmenbedingungen wirklich ausreichen, um diese Praxis zu stoppen.

- **Kritikpunkt:** Kann der industrielle Fischfang wirklich reguliert werden, um die Überfischung zu stoppen, oder ist der Druck der internationalen Fischindustrie zu groß, um echte Veränderungen zu erzielen?

3. Verschmutzung der Ozeane

Ein weiteres zentrales Problem für die Meere ist die Verschmutzung durch Plastik und chemische

Abfälle. Jedes Jahr gelangen Millionen Tonnen Plastik in die Ozeane, was verheerende Auswirkungen auf die Meereslebewesen und die Gesundheit der Ökosysteme hat. Die Agenda 2030 betont die Notwendigkeit, die Verschmutzung der Meere zu verringern, doch es bleibt die Frage, ob die internationalen Bemühungen tatsächlich ausreichen, um dieses gewaltige Problem zu lösen. Viele wohlhabende Nationen exportieren ihre Abfälle in ärmere Länder, was die globalen Ungleichheiten in der Verschmutzung weiter verschärft.

- **Kritikpunkt:** Werden wirklich effektive Maßnahmen ergriffen, um die Meere von Plastik und Schadstoffen zu befreien, oder wird das Problem nur in ärmere Länder ausgelagert?

4. Tiefseebergbau und die Zukunft der Ozeane

In den letzten Jahren ist der Tiefseebergbau in den Fokus gerückt, da der Meeresboden wertvolle Rohstoffe wie seltene Erden und Metalle enthält, die für moderne Technologien benötigt werden. Obwohl die Agenda 2030 eine nachhaltige Nutzung der Meeresressourcen fordert, bleibt der Tiefseebergbau eine hochumstrittene Praxis, da seine ökologischen Auswirkungen noch weitgehend unbekannt sind. Kritiker befürchten, dass der Abbau in der Tiefsee zu irreversiblen Schäden an den Ökosystemen führen könnte, während nur wenige Unternehmen von diesen Aktivitäten profitieren.

- **Kritikpunkt:** Führt die Förderung des Tiefseebergbaus zu irreversiblen Schäden an den Ökosystemen der Meere, obwohl er als Teil der nachhaltigen Nutzung propagiert wird?

5. Der maritime Kolonialismus

Historisch gesehen haben die mächtigsten Nationen die Ozeane und ihre Ressourcen kontrolliert. Diese Dominanz setzt sich auch heute fort, da mächtige Seemächte und transnationale Konzerne über die Nutzung von Meeresressourcen entscheiden. Während die Agenda 2030 eine gerechtere Verteilung der Meeresressourcen anstrebt, stellt sich die Frage, ob dies wirklich erreicht wird oder ob die Meere weiterhin von denjenigen kontrolliert werden, die die wirtschaftlichen und militärischen Mittel dazu haben.

- **Kritikpunkt:** Wird die Agenda 2030 die maritime Machtverteilung verändern, oder bleibt die Kontrolle über die Meeresressourcen weiterhin in den Händen der mächtigsten Nationen und Konzerne?

6. Klimawandel und die Rolle der Ozeane

Die Ozeane spielen eine zentrale Rolle im Klimasystem der Erde, da sie große Mengen an CO_2 speichern und als Temperaturpuffer wirken.

Doch die Erwärmung der Ozeane, die Versauerung durch den Anstieg des CO_2-Gehalts und das Schmelzen der Gletscher führen zu massiven Veränderungen in den Meeresökosystemen. Die Agenda 2030 strebt den Schutz der Ozeane im Zusammenhang mit dem Klimawandel an, doch es stellt sich die Frage, ob die derzeitigen Maßnahmen ausreichen, um die Ozeane vor den schlimmsten Folgen des Klimawandels zu bewahren.

- **Kritikpunkt:** Sind die Klimaschutzmaßnahmen ausreichend, um die Ozeane vor den massiven Veränderungen zu schützen, die durch den Klimawandel verursacht werden?

Fazit: Ozeane unter Druck – zwischen Schutz und Ausbeutung

Das Ziel, die Meere und ihre Ressourcen nachhaltig zu nutzen, ist ein zentrales Element der globalen Umweltpolitik. Doch bei genauer Betrachtung stellt sich die Frage, ob die derzeitigen Maßnahmen ausreichen, um die Ozeane wirklich zu schützen, oder ob sie weiterhin von mächtigen Akteuren ausgebeutet werden. Von der Überfischung über den Tiefseebergbau bis hin zur Verschmutzung durch Plastik sind die Ozeane unter enormem Druck. Ohne tiefgreifende Reformen und eine gerechtere Verteilung der Meeresressourcen könnte das Ziel, die Ozeane zu retten, unerreichbar bleiben.

Punkt 15: Leben an Land – Rettung der Wälder oder nur leere Versprechen?

Das fünfzehnte Ziel der Agenda 2030 lautet: „Landökosysteme schützen, wiederherstellen und ihre nachhaltige Nutzung fördern, Wälder nachhaltig bewirtschaften, Wüstenbildung bekämpfen, die Landdegradation stoppen und umkehren und den Biodiversitätsverlust aufhalten." Dieses Ziel konzentriert sich auf den Schutz und die Wiederherstellung von Landökosystemen und die Förderung nachhaltiger Landnutzung, insbesondere im Hinblick auf den Erhalt der Biodiversität und den Kampf gegen den Klimawandel. Doch auch hier gibt es zahlreiche Herausforderungen und Widersprüche, die kritisch beleuchtet werden müssen.

1. Der Druck durch die Agrarindustrie

Eines der größten Probleme im Zusammenhang mit dem Schutz von Landökosystemen ist der Druck durch die industrielle Landwirtschaft. Immer mehr Wälder und natürliche Lebensräume werden gerodet, um Platz für den Anbau von Nutzpflanzen wie Soja, Palmöl und Mais zu schaffen. Während die Agenda 2030 die nachhaltige Nutzung von Land fordert, bleiben die wirtschaftlichen Interessen der Agrarindustrie eine große Hürde. Kritiker argumentieren, dass ohne grundlegende Reformen in der Landwirtschaft das Ziel, die Wälder und die

Biodiversität zu schützen, schwer erreichbar sein wird.

- **Kritikpunkt:** Kann die Agenda 2030 wirklich die industrielle Landwirtschaft regulieren, die für die Abholzung von Wäldern und den Verlust von Biodiversität verantwortlich ist, oder bleibt das Ziel nur ein Ideal?

2. Entwaldung und der Verlust der Biodiversität

Trotz internationaler Bemühungen werden jedes Jahr Millionen Hektar Wald abgeholzt, insbesondere in tropischen Regenwaldgebieten wie dem Amazonas. Die Entwaldung hat gravierende Auswirkungen auf die Biodiversität, da sie den Lebensraum zahlreicher Tier- und Pflanzenarten zerstört. Zudem beschleunigt die Abholzung den Klimawandel, da Wälder als Kohlenstoffsenken fungieren. Obwohl die Agenda 2030 darauf abzielt, Entwaldung zu stoppen und umzukehren, stellt sich die Frage, ob die bestehenden Maßnahmen ausreichend sind, um den zunehmenden Verlust der Wälder zu verhindern.

- **Kritikpunkt:** Sind die Maßnahmen zur Bekämpfung der Entwaldung wirklich effektiv, oder überwiegen wirtschaftliche Interessen die Bemühungen zum Schutz der Wälder?

3. Die Macht der Holz- und Rohstoffindustrie

Die Holzindustrie und der Abbau von Rohstoffen sind zwei weitere große Bedrohungen für die Landökosysteme. Während nachhaltige Forstwirtschaft als Lösung angepriesen wird, ist die Realität oft anders. Illegale Abholzung und schlecht regulierte Rohstoffprojekte führen weiterhin zu großflächigen Waldverlusten und Umweltzerstörungen. Die Frage ist, ob die internationalen Maßnahmen und Regulierungen, die in der Agenda 2030 vorgesehen sind, ausreichen, um den Einfluss dieser mächtigen Industrien einzudämmen.

- **Kritikpunkt:** Können internationale Regulierungen die Macht der Holz- und Rohstoffindustrie begrenzen, die oft von der Zerstörung natürlicher Lebensräume profitiert?

4. Landrechte indigener Völker

Indigene Gemeinschaften sind oft die besten Hüter der Wälder und natürlichen Lebensräume, doch sie werden immer wieder durch große Agrar- und Infrastrukturprojekte verdrängt. Die Agenda 2030 betont die Notwendigkeit, indigene Rechte zu schützen, doch in der Praxis bleiben viele dieser Gemeinschaften marginalisiert. Ohne eine klare Sicherung der Landrechte indigener Völker könnte das Ziel, die Wälder zu schützen, schwer erreichbar sein.

- **Kritikpunkt:** Werden die Landrechte indigener Völker in der Praxis ausreichend geschützt, oder bleiben sie den wirtschaftlichen Interessen internationaler Akteure untergeordnet?

5. Desertifikation und Bodenverlust

Ein weiteres zentrales Problem für das Leben an Land ist die Desertifikation, also die Ausbreitung von Wüsten in ehemals fruchtbaren Gebieten. Dieser Prozess wird oft durch Überweidung, falsche Bewässerung und den Klimawandel beschleunigt. Die Agenda 2030 zielt darauf ab, diesen Prozess zu stoppen, doch auch hier bleibt die Frage, ob die internationalen Maßnahmen, insbesondere in wasserarmen und von Armut betroffenen Regionen, ausreichend sind.

- **Kritikpunkt:** Können internationale Maßnahmen die Desertifikation und den fortschreitenden Verlust fruchtbarer Böden wirksam stoppen, oder sind die betroffenen Länder den Auswirkungen des Klimawandels hilflos ausgeliefert?

6. Klimawandel und Landdegradation

Der Klimawandel verschärft die Degradation von Landökosystemen durch extremere Wetterereignisse, Überschwemmungen, Dürren und steigende Temperaturen. Diese Veränderungen beschleunigen den Verlust von fruchtbarem Land und Wäldern und gefährden die biologische Vielfalt. Kritiker argumentieren, dass die Maßnahmen der Agenda 2030 nicht ausreichen, um den kombinierten Druck von Landnutzungsänderungen und dem Klimawandel zu bewältigen.

- **Kritikpunkt:** Kann die Agenda 2030 die Auswirkungen des Klimawandels auf Landökosysteme effektiv angehen, oder wird der fortschreitende Klimawandel die Bemühungen zur Wiederherstellung von Land übertreffen?

Fazit: Leben an Land – ein Kampf gegen wirtschaftliche Interessen?

Das Ziel, das Leben an Land zu schützen, ist eines der grundlegendsten Ziele der Agenda 2030, da es die Erhaltung der natürlichen Lebensräume, die Biodiversität und den Klimaschutz miteinander verbindet. Doch bei genauerem Hinsehen zeigt sich, dass wirtschaftliche Interessen – insbesondere aus der Agrar-, Rohstoff- und Holzindustrie – eine große Hürde darstellen. Ohne tiefgreifende Reformen und eine stärkere Durchsetzung des Schutzes von Landökosystemen könnte dieses Ziel schwer zu erreichen sein.

Punkt 16: Frieden, Gerechtigkeit und starke Institutionen – Globale Sicherheit oder politische Kontrolle?

Das sechzehnte Ziel der Agenda 2030 lautet: „Frieden, Gerechtigkeit und starke Institutionen fördern." Dieses Ziel adressiert die Notwendigkeit, friedliche und inklusive Gesellschaften zu schaffen, in denen die Menschen Zugang zu Gerechtigkeit haben und Institutionen transparent, effektiv und rechenschaftspflichtig sind. Doch dieses hehre Ziel wirft zahlreiche kritische Fragen auf, besonders hinsichtlich der geopolitischen Machtverhältnisse und der realen Umsetzung in von Konflikten betroffenen Regionen.

1. Frieden durch militärische Macht oder Diplomatie?

Das Ziel des Friedens ist zentral für die Agenda 2030, doch in der Praxis stützen viele mächtige Nationen ihre Friedensbemühungen auf militärische Macht und Interventionen. Ob in Form von militärischen Einsätzen, Interventionen in Konfliktregionen oder der Bereitstellung von Waffen an befreundete Regierungen – der Weg zum Frieden wird oft mit Gewalt durchgesetzt. Kritiker argumentieren, dass der Einsatz militärischer Macht selten zu einem nachhaltigen Frieden führt, sondern vielmehr bestehende Konflikte verschärft.

- **Kritikpunkt:** Kann Frieden wirklich durch militärische Macht erreicht werden, oder fördert dies eher langfristige Instabilität und Abhängigkeit von militärischen Strukturen?

2. Gerechtigkeit und Rechtsstaatlichkeit – für alle?

Die Förderung von Gerechtigkeit und der Zugang zu einem funktionierenden Rechtsstaat sind ebenfalls zentrale Aspekte dieses Ziels. Doch in vielen Ländern ist das Justizsystem korrupt oder von politischen und wirtschaftlichen Eliten dominiert. Besonders in autoritären Staaten oder instabilen Regionen ist der Zugang zu Gerechtigkeit oft eine Illusion. Die Agenda 2030 zielt darauf ab, den Rechtsstaat zu stärken, aber die Frage bleibt, ob diese Bemühungen in Ländern umgesetzt werden können, in denen Korruption und politische Willkür tief verankert sind.

- **Kritikpunkt:** Wird der Zugang zu Gerechtigkeit und ein funktionierender Rechtsstaat in allen Ländern gleichermaßen gefördert, oder bleiben autoritäre Regime und korrupte Strukturen unangetastet?

3. Starke Institutionen oder politische Kontrolle?

Ein weiteres zentrales Element dieses Ziels ist die Förderung starker Institutionen. Doch was bedeutet „starke Institutionen" in der Praxis? In vielen Fällen können starke Institutionen auch für politische Kontrolle und Überwachung missbraucht werden. Regierungen können Institutionen nutzen, um ihre Macht zu festigen, anstatt sie zum Wohl der Bevölkerung einzusetzen. Die Gefahr besteht, dass Institutionen zwar gestärkt werden, aber letztlich autoritäre Regime und staatliche Kontrolle fördern.

- **Kritikpunkt:** Werden Institutionen gestärkt, um Transparenz und Demokratie zu fördern, oder führen starke Institutionen in vielen Fällen zu mehr staatlicher Kontrolle und weniger individueller Freiheit?

4. Korruption und der Einfluss globaler Eliten

Ein weiteres Problem im Zusammenhang mit diesem Ziel ist die Korruption auf nationaler und internationaler Ebene. Viele Regierungen und globale Institutionen sind von Korruption durchsetzt, was die Effektivität der Institutionen untergräbt. Global agierende Unternehmen und politische Eliten haben oft mehr Einfluss auf Entscheidungen als die breite Bevölkerung. Die Frage ist, ob die Agenda 2030 in der Lage ist, die Korruption wirklich zu bekämpfen und Machtgleichheit herzustellen.

- **Kritikpunkt:** Kann die Korruption auf globaler Ebene tatsächlich bekämpft werden, oder bleibt sie ein zentrales

Hindernis für Frieden, Gerechtigkeit und starke Institutionen?

5. Frieden und die wirtschaftlichen Interessen

Viele Konflikte, besonders in ressourcenreichen Regionen, haben wirtschaftliche Wurzeln. Der Zugang zu Rohstoffen wie Öl, Gas, Mineralien oder Wasser ist oft ein zentraler Faktor, der zu Gewalt und Instabilität führt. Die Agenda 2030 strebt nach Frieden, doch ohne eine gerechte Verteilung der wirtschaftlichen Ressourcen könnte die Förderung von Frieden schwer erreichbar sein. Die Frage ist, ob die globalen Wirtschaftsinteressen mächtiger Akteure im Widerspruch zu den Zielen des Friedens und der Gerechtigkeit stehen.

- **Kritikpunkt:** Können wirtschaftliche Interessen, insbesondere im Hinblick auf Ressourcen, wirklich mit den Zielen von Frieden und Gerechtigkeit in Einklang gebracht werden, oder bleiben sie ein zentraler Konfliktpunkt?

6. Internationale Institutionen: Wächter des Friedens oder Machtinstrumente?

Organisationen wie die Vereinten Nationen, der Internationale Währungsfonds (IWF) und die Weltbank spielen eine entscheidende Rolle bei der Förderung von Frieden und Stabilität. Doch viele Kritiker sehen diese Institutionen auch als

Instrumente der reichen und mächtigen Nationen, die ihre eigenen geopolitischen und wirtschaftlichen Interessen durchsetzen. Die Frage ist, ob internationale Institutionen tatsächlich neutral und transparent handeln, oder ob sie im Interesse bestimmter globaler Eliten arbeiten.

- **Kritikpunkt:** Sind internationale Institutionen wirklich neutral in der Förderung von Frieden und Gerechtigkeit, oder werden sie von mächtigen Nationen und wirtschaftlichen Akteuren instrumentalisiert?

Fazit: Frieden und Gerechtigkeit – noble Ziele, aber schwer erreichbar

Das Ziel, Frieden, Gerechtigkeit und starke Institutionen zu fördern, ist zweifellos eines der wichtigsten der Agenda 2030. Doch die Herausforderungen, die dieses Ziel mit sich bringt – von militärischen Interventionen über Korruption bis hin zu den wirtschaftlichen Interessen – sind enorm. Ohne tiefgreifende strukturelle Veränderungen und eine gerechte Verteilung der globalen Machtverhältnisse könnte dieses Ziel schwer umsetzbar bleiben.

Punkt 17: Partnerschaften zur Erreichung der Ziele – Globale Zusammenarbeit oder Machtungleichheit?

Das siebzehnte und letzte Ziel der Agenda 2030 lautet: „Umsetzungsmittel stärken und die globale Partnerschaft für nachhaltige Entwicklung mit neuem Leben füllen." Dieses Ziel konzentriert sich auf die Notwendigkeit einer globalen Zusammenarbeit, um die anderen Ziele der Agenda 2030 zu erreichen. Es betont die Bedeutung von internationalen Partnerschaften, technologischer Unterstützung, finanzieller Zusammenarbeit und institutionellem Aufbau. Doch auch hier gibt es kritische Punkte, die die Effizienz und Fairness solcher Partnerschaften infrage stellen.

1. Machtungleichheiten in globalen Partnerschaften

Während Partnerschaften zwischen Nationen und Organisationen für die Erreichung der SDGs (Sustainable Development Goals) unerlässlich sind, ist die Realität oft von Machtungleichheiten geprägt. Wohlhabende Länder und multinationale Konzerne dominieren oft die globalen Verhandlungen und bestimmen die Bedingungen von Partnerschaften. Diese Machtungleichheit kann dazu führen, dass die Interessen reicherer Länder im Vordergrund stehen, während die Anliegen ärmerer Nationen unterrepräsentiert bleiben.

- **Kritikpunkt:** Können echte, gleichberechtigte Partnerschaften entstehen, wenn die globale Wirtschaftsordnung weiterhin von mächtigen Ländern und Konzernen dominiert wird?

2. Finanzielle Abhängigkeit

Ein zentrales Element dieses Ziels ist die Bereitstellung finanzieller Ressourcen für Entwicklungsländer, um sie bei der Umsetzung der Agenda 2030 zu unterstützen. Doch viele dieser Gelder kommen in Form von Krediten und Entwicklungsdarlehen, die die Empfängerländer oft in Schuldenfallen treiben. Zudem sind diese Gelder häufig an politische oder wirtschaftliche Bedingungen geknüpft, die die Souveränität der Länder beeinträchtigen.

- **Kritikpunkt:** Führt die finanzielle Unterstützung durch reiche Länder und internationale Institutionen tatsächlich zur Entwicklung oder verstärkt sie die Abhängigkeit und verschärft die Ungleichheit?

3. Technologietransfer – Versprechen und Realität

Ein weiteres Schlüsselelement dieses Ziels ist der Technologietransfer, der Entwicklungsländern Zugang zu modernen Technologien ermöglichen soll, um die Ziele der nachhaltigen Entwicklung zu erreichen. In der Praxis bleibt der Technologietransfer jedoch oft hinter den Erwartungen zurück. Patente, geistiges Eigentum und die Kontrolle durch internationale Konzerne hindern viele Länder daran, Zugang zu den Technologien zu erhalten, die sie für ihre Entwicklung dringend benötigen.

- **Kritikpunkt:** Wird der Technologietransfer wirklich gefördert, oder bleibt er durch Patente und das Monopol multinationaler Konzerne eingeschränkt?

4. Korruption und fehlende Rechenschaftspflicht

Korruption ist ein großes Hindernis für die effektive Nutzung von Finanzmitteln und Ressourcen, die im Rahmen internationaler Partnerschaften bereitgestellt werden. In vielen Fällen fließen die Gelder, die für nachhaltige Entwicklungsprojekte gedacht sind, in korrupte Netzwerke, was die Umsetzung der SDGs behindert. Darüber hinaus fehlt es oft an Mechanismen, um sicherzustellen, dass die Akteure, die die Entwicklungsgelder verwalten, zur Rechenschaft gezogen werden.

- **Kritikpunkt:** Wie kann die Korruption in internationalen Partnerschaften effektiv bekämpft werden, um sicherzustellen, dass die Gelder tatsächlich für nachhaltige Entwicklung genutzt werden?

5. Interessenkonflikte bei multinationalen Akteuren

Multinationale Unternehmen spielen eine wichtige Rolle in den globalen Partnerschaften zur Umsetzung der SDGs. Doch viele dieser Unternehmen haben wirtschaftliche Interessen, die den Zielen der nachhaltigen Entwicklung widersprechen. Der Fokus auf kurzfristige Gewinne und die Ausbeutung natürlicher Ressourcen stehen oft im Widerspruch zu den langfristigen Zielen der Nachhaltigkeit. Kritiker sehen in der Beteiligung multinationaler Unternehmen die Gefahr, dass ihre Interessen Vorrang vor den Umwelt- und Entwicklungszielen haben.

- **Kritikpunkt:** Können Partnerschaften, die von multinationalen Unternehmen dominiert werden, tatsächlich im Sinne der nachhaltigen Entwicklung handeln, oder stehen diese Partnerschaften den SDGs aufgrund wirtschaftlicher Eigeninteressen im Weg?

6. Globale Solidarität in Krisenzeiten

Die COVID-19-Pandemie hat gezeigt, wie wichtig globale Zusammenarbeit ist, um Krisen zu bewältigen. Doch sie hat auch die Ungleichheiten zwischen Ländern offengelegt, da wohlhabendere Länder schneller Zugang zu Impfstoffen und medizinischer Versorgung hatten, während ärmere Länder oft übergangen wurden. Dieses Ungleichgewicht in der globalen Solidarität wirft die Frage auf, ob die Agenda 2030 in der Lage ist, echte Solidarität und Zusammenarbeit zu fördern, besonders in Krisenzeiten.

- **Kritikpunkt:** Kann die Agenda 2030 echte globale Solidarität fördern, oder bleiben wirtschaftlich und politisch mächtige Länder im Vorteil, während ärmere Länder in Krisen zurückgelassen werden?

Fazit: Globale Partnerschaften – notwendige Zusammenarbeit oder Machtinstrument?

Das Ziel, globale Partnerschaften zu stärken, ist entscheidend, um die SDGs zu erreichen. Doch ohne die Beseitigung von Machtungleichheiten, Korruption und Interessenkonflikten bleibt die Umsetzung dieses Ziels eine Herausforderung. Globale Partnerschaften müssen fair, transparent und auf gegenseitigem Respekt basieren, um tatsächlich nachhaltige Entwicklung zu fördern.

Das Resümee der Agenda 2030 muss schärfer und kritischer formuliert werden, da es offenkundig ist, dass ihre Umsetzung tiefgreifende Umwälzungen erfordert – und diese werden nicht ohne Opfer und Konflikte vonstattengehen. Hinter den hehren Zielen der Agenda verbergen sich mächtige Interessen und strukturelle Hürden, die nicht leicht überwunden werden können. Es geht dabei nicht nur um „nachhaltige Entwicklung" oder „soziale Gerechtigkeit", sondern um einen geopolitischen Machtkampf, in dem Gewinner und Verlierer feststehen.

1. Macht und Interessen: Die Agenda 2030 fordert, Ungleichheiten zu reduzieren, nachhaltige Entwicklung zu fördern und den Klimawandel zu bekämpfen. Doch wer kontrolliert diese Prozesse? Reiche Länder und multinationale Konzerne halten die Zügel in der Hand. Sie dominieren nicht nur die Verhandlungen, sondern auch die Umsetzung. Die wirtschaftlichen Eliten haben kein Interesse daran, die Spielregeln grundlegend zu ändern – warum sollten sie ihre Machtposition freiwillig schwächen? Die „Partnerschaften" dienen vor allem dazu, bestehende Machtverhältnisse zu stabilisieren, nicht um echte Veränderung zu schaffen.

2. Opfer des Fortschritts: Die angestrebte Transformation hin zu einer „nachhaltigen" Weltwirtschaft wird nicht alle gleichermaßen betreffen. Die Armen, die Schwachen und die marginalisierten Gruppen werden die Hauptlast dieser Veränderungen tragen. Strenge Klimaziele und Regulierungen in Entwicklungsländern werden oft die Ärmsten treffen, während sich die Mächtigen durch Kompensationen und grüne Waschscheine freikaufen. Die Schere zwischen Gewinnern und Verlierern des Klimaschutzes wird weiter auseinandergehen.

3. Nachhaltigkeit – nur eine neue Form der Ausbeutung?: Das Streben nach „nachhaltigem Wachstum" klingt paradox, denn Wachstum bedeutet in den meisten Fällen auch die fortwährende Ausbeutung von Ressourcen. Doch anstatt das kapitalistische Wachstumsmodell infrage zu stellen, setzt die Agenda auf kosmetische Korrekturen. Begriffe wie „grünes Wachstum" oder „Kreislaufwirtschaft" lenken davon ab, dass der globale Kapitalismus nur durch die Plünderung der natürlichen Ressourcen am Leben bleibt. Der Fokus auf technische Innovationen oder CO_2-Kompensationen verschleiert die wahren Ursachen der Krise.

4. Unterdrückte Länder und Völker: Entwicklungsländer und indigene Gemeinschaften stehen vor einem Dilemma. Einerseits wird von ihnen erwartet, dass sie ihre Ressourcen schützen und nachhaltig wirtschaften, andererseits haben sie oft keinen echten Zugang zu den Vorteilen des „grünen Wandels". Sie werden in eine Abhängigkeit von ausländischen Hilfsgeldern und Krediten getrieben, die ihre Souveränität einschränken. Gleichzeitig profitieren die großen Nationen und Konzerne weiter von den Ressourcen der Armen.

5. Gewalt und Konflikte: Solche tiefgreifenden Umwälzungen werden zwangsläufig zu Konflikten führen. Ob es um den Zugang zu Ressourcen, Landrechte oder wirtschaftliche Interessen geht – die Agenda 2030 wird nicht ohne Widerstand durchgesetzt werden. Der Kampf um Wasser, Rohstoffe und Energie wird sich weiter verschärfen, und die schwächeren Staaten und Bevölkerungen werden darunter leiden. Die Idee einer friedlichen und harmonischen Transformation ist eine Illusion.

Fazit: Die Agenda 2030 präsentiert sich als Plan zur Rettung der Welt, doch bei genauerer Betrachtung zeigt sich, dass sie tiefgreifende Opfer verlangen wird – und diese Opfer werden vor allem die Schwachen bringen müssen. Die wirtschaftlichen und geopolitischen Machtverhältnisse werden nicht durch schöne Worte oder freiwillige Partnerschaften verändert. Nur eine radikale Umverteilung von Macht und Ressourcen könnte echte Gerechtigkeit schaffen, doch diese steht nicht auf der Agenda. Stattdessen bleibt die Agenda 2030 ein Instrument, das bestehenden Eliten dient, ihre Vorherrschaft zu sichern und ihre Interessen durchzusetzen.